HARRAP'S

Portuguese

PHRASE BOOK

Compiled by
by
LEXUS
with
Norma de Oliveira Tait

HARRAP

EDINBURGH   PARIS

Distributed in the United States by
PRENTICE HALL
New York

First published in Great Britain 1989
by HARRAP BOOKS Ltd
43–45 Annandale Street, Edinburgh EH7 4AZ

© *Harrap Books Ltd/Lexus Ltd* 1989
Reprinted 1992, 1993

ISBN 0 245-54751-7
In the United States, ISBN 0-13-383217-1

Library of Congress Cataloguing-in-Publication Data

Harrap's Portuguese phrase book/compiled by Lexus
with Norma de Oliveira Tait.
p.   cm.
English and Portuguese.
ISBN 0-13-383217-1 (Prentice Hall)
1. Portuguese language – Conversation and phrase books –
English.
I. Tait, Norma de Oliveira.   II. Lexus (Firm)
PC5073.H37   1989   89-70925
469.83′421 – dc20   CIP

Printed in England by Clays Ltd, St Ives plc

CONTENTS

INTRODUCTION

The phrase sections in this new book are concise and to the point. In each section you will find: a list of basic vocabulary; a selection of useful phrases; a list of common words and expressions that you will see on signs and notices. A full pronunciation guide is given for things you'll want to say or ask and typical replies to some of your questions are listed.

Of course, there are bound to be occasions when you want to know more. So this book allows for this by containing a two way Portuguese-English dictionary with a total of some 5,000 references. This will enable you to build up your Portuguese vocabulary, to make variations on the phrases in the phrase sections and to recognize more of the Portuguese words that you will see or hear when travelling about.

As well as this we have given a menu reader covering about 200 dishes and types of food — so that you will know what you are ordering! And, as a special feature, there is a section on colloquial Portuguese.

Speaking the language can make all the difference to your trip. So:

boa sorte!
boh-a sort
good luck!

and

boa viagem!
boh-a vee-ahjaing
have a good trip!

PRONUNCIATION

In the phrase sections of this book a pronunciation guide has been given by writing the Portuguese words as though they were English. So if you read out the pronunciation as English words a Portuguese person should be able to understand you. Some notes on this:

ai as in 'rain' or 'Spain'
ay as in 'pay' or 'day'
e   as in 'red' or 'bed'
i, ih as in 'fit' or 'it'
j   like the 's' in 'measure' or 'treasure'
ow as in 'town' or 'gown'

Note that the final 'g' in combinations such as 'owng' or 'aing' is given to indicate the nasal sound. Do not pronounce this 'g' as a separate sound.

Letters in bold type in the pronunciation guide mean that this part of the word should be stressed.

GENERAL PHRASES

hello, hi
olá
olah

good morning
bom dia
bong dee-a

good evening
boa tarde; (*later*) boa noite
boh-a tahrd; boh-a noh-it

good night
boa noite
boh-a noh-it

pleased to meet you
muito prazer
mweengtoo prazehr

goodbye
adeus
adeh-oosh

cheerio
adeusinho
adeh-oozeen-yoo

see you
até a vista
a-teh a veeshta

yes
sim
seeng

no
não
nowng

GENERAL PHRASES

yes please
sim, por favor
seeng poor favohr

thank you/thanks
(*said by men*) obrigado
ohbree-gahdoo

(*said by women*) obrigada
ohbree-gahda

thanks very much
muito obrigado
mweengtoo ohbree-gahdoo

no thank you
não, obrigado
nowng ohbree-gahdoo

please
por favor
poor favohr

you're welcome
de nada
dih nahda

sorry
desculpe
dishkoolp

sorry? (*didn't understand*)
como?
kohmoo

how are you?
como está?
kohm shtah

very well, thank you
bem, obrigado
baing ohbree-gahdoo

and yourself?
e você?
ee voseh

GENERAL PHRASES

(speaking to a stranger) (to a man) e o senhor?
ee oo sin-yohr?

(to a woman) e a senhora?
ee a sin-yohra?

excuse me! (to get attention)
com licença!
kong leesehnsa

how much is it?
quanto custa?
kwantoo kooshta

can I ...?
posso ...?
po-soo

can I have ...?
queria ...
kiree-ạ

I'd like to ...
eu gostava de ...
eh-oo gooshtava dih

where is ...?
onde fica ...?
ond feeka

it's not ...
não é ...
nowng e

is it ...?
é ...?
e

is there ... here?
há ... aqui?
ah ... akee

could you say that again?
pode repetir por favor?
pod ripiteer poor favohr

GENERAL PHRASES

please don't speak so fast
por favor, fale mais devagar
poor favohr fahl mah-ish divagahr

I don't understand
não percebo
nowng pirsehboo

OK
está bem
shtah baing

come on, let's go!
vamos!
vamoosh

what's your name?
como se chama?
kohmoo sih shama

what's that in Portuguese?
como se diz isto em português?
kohmoo sih deez eeshtoo aing poortoogehsh

that's fine!
está bem!
shtah baing

aberto	open
aluga(m)-se	to rent
balcão de informações	information desk
caixa	cash point
empurrar	push
entrada	way in, entrance
fechado	closed
lixo	litter
não fumar	no smoking
peões	pedestrians
perigo	danger
proibido ...	no ...
puxar	pull
saída	exit

COMING AND GOING

airport	o aeroporto *a-airoopohrtoo*
baggage	a bagagem *bagahjaing*
book (*in advance*)	reservar *rizirvahr*
coach	um autocarro *owtookahrroo*
docks	as docas *dokash*
ferry	o barco de passageiros *bahrkoo dih pasajairoosh*
gate (*at airport*)	a porta *porta*
harbour	o porto *pohrtoo*
plane	o avião *aveeowng*
sleeper	uma carruagem-cama *karrwahjaing-kama*
station	a estação *ishtasowng*
taxi	um táxi *tahksi*
terminal	o terminal *tirmeenahl*
train	o comboio *komboyoo*

a ticket to ...
um bilhete para ...
oong beelyeht para

I'd like to reserve a seat
gostava de reservar um lugar
gooshtahva di rizirvahr oong loogahr

smoking/non-smoking please
fumadores/não-fumadores por favor
foomadohrish/nowng-foomadohrish poor favohr

a window seat please
um lugar à janela, por favor
oong loogahr ah janela poor favohr

which platform is it for ...?
qual é o cais para ...?
kwahl e oo kah-ish para

COMING AND GOING

what time is the next flight?
a que horas parte o próximo voo?
a kih orash pahrt oo proseemoo voh-oo

is this the right train for . . .?
é este o comboio certo para . . .?
e esht oo komboyoo sehrtoo para

is this bus going to . . .?
este autocarro vai para . . .?
esht owtookahrroo vy para

is this seat free?
este lugar está livre?
esht loogahr shtah leevr

do I have to change (trains)?
tenho que fazer mudança?
taingyoo kih fazehr moodansa

is this the right stop for . . .?
é esta a paragem certa para . . .?
e eshtah parahjaing sehrta para

which terminal is it for . . .?
qual é o terminal para . . .?
kwahl e oo tirmeenahl para

is this ticket OK?
está bem este bilhete?
shtah baing esht beelyeht

I want to change my ticket
gostava de trocar o meu bilhete
gooshtava dih trookahr oo mehoo beelyeht

thanks for a lovely stay
obrigado pela sua hospitalidade
ohbreegahdoo pehla soo-a ohshpeetaleedahd

thanks very much for coming to meet me
muito obrigado por vir encontrar-me
mweengtoo ohbreegahdoo poor veer aingkontrahr-mih

well, here we are in . . .
bem, aqui estamos em . . .
baing akee shtamooz aing

COMING AND GOING

nada a declarar?
nahd a diklarahr
anything to declare?

pode abrir esta mala, por favor?
pod abreer eshta mahla poor favohr
would you mind opening this bag please?

Alfândega	customs
aluguer de automóveis	car rental
apertar os cintos de segurança	fasten your seatbelts
atrasado	late
bagagem de mão	hand luggage
beco sem saída	cul-de-sac
bilhete	ticket
cais	platform, quay
cancelado	cancelled
carruagem restaurante	restaurant car
centro da cidade	city centre
centro de turismo	tourist information
chegadas	arrivals
comboio rápido	express train
depósito de bagagens	left luggage
estação de caminho de ferro	railway station
estação dos autocarros	bus/coach station
hora de chegada	arrival time
hora de partida	departure time
nada a declarar	nothing to declare
paragem	stop
para não fumadores	non-smoking
partidas	departures
passagem subterrânea	underpass
ponto de encontro	meeting point
porta nº . . .	gate number . . .
reclamação de bagagem	baggage claim
sala de espera	waiting room
seguro de viagem	travel insurance

GETTING A ROOM

balcony	a varanda *varanda*
bed	uma cama *kama*
breakfast	o pequeno almoço *pikehnoo ahlmohsoo*
dinner	o jantar *jantahr*
dining room	a sala de jantar *sahla dih jantahr*
double room	um quarto para duas pessoas *kwahrtoo para doo-ash pisoh-ash*
guesthouse	a pensão *pehnsowng*
hotel	um hotel *otel*
key	a chave *shahv*
lunch	o almoço *ahlmohsoo*
night	uma noite *noh-it*
private bathroom	a casa de banho privativa *kahza dih banyoo preevateeva*
reception	a recepção *risepsowng*
room	um quarto *kwahrtoo*
shower	o duche *doosh*
single room	um quarto para uma pessoa *kwahrtoo par ooma pisoh-a*
with bath	com casa de banho *kong kahza dih banyoo*
youth hostel	um albergue de juventude *albehr-gih dih jooventood*

do you have a room for one night?
tem quarto livre para uma noite?
taing kwahrtoo leevr par ooma noh-it

do you have a room for one person/two people?
tem quarto livre para uma pessoa/duas pessoas?
taing kwahrtoo leevr par ooma pisoh-a/doo-ash pisoh-ash

we'd like to rent a room for a week
queríamos alugar um quarto por uma semana
kiree-amooz aloogahr oong kwahrtoo poor ooma simana

GETTING A ROOM

I'm looking for a good cheap room
procuro um quarto bom e barato
prookooroo oong kwahrtoo bong ee barahtoo

I have a reservation
tenho uma reserva
taingyoo ooma rizerva

how much is it?
quanto é pelo quarto?
kwantoo e pehloo kwahrtoo

can I see the room please?
posso ver o quarto, por favor?
po-soo vehr oo kwahrtoo poor favohr

does that include breakfast?
o pequeno almoço está incluído?
oo pikehnoo ahlmohsoo shtah eengkloo-eedoo

a room overlooking the sea
um quarto virado para o mar
oong kwahrtoo veerahdoo par-oo mahr

we'd like to stay another night
queríamos ficar mais uma noite
kiree-amoosh feekahr mah-iz ooma noh-it

we will be arriving late
chegaremos tarde
shigarehmoosh tahrd

can I have my bill please?
pode dar-me a conta, por favor?
pod dahr-mih a konta poor favohr

I'll pay cash
pago em dinheiro
pahgoo aing deenyayroo

can I pay by credit card?
aceitam cartões de crédito?
asaytowng kartoingsh dih kredeetoo

will you give me a call at 6.30 in the morning?
por favor, pode acordar-me às seis e meia da manhã?
poor favohr pod akoordahr-mih ahs sayz ee maya da manyang

GETTING A ROOM

at what time do you serve breakfast/dinner?
a que horas é o pequeno almoço/jantar?
a kih orash e oo pikehnoo ahlmohsoo/jantahr

can we have breakfast in our room?
podemos ter o pequeno almoço no quarto?
poodehmoosh tehr oo pikehnoo ahlmohsoo noo kwahrtoo

thanks for putting us up
obrigados por acomodar-nos
ohbreegahdoosh poor akoomoodahr-noosh

albergue de juventude	youth hostel
alugam-se quartos	rooms to rent
casa de banho	toilet, bathroom
completo	full
desocupar antes das . . .	vacate before . . .
duche	shower
estação alta/baixa	high/low season
estacionamento reservado aos hóspedes	private car park: guests only
estalagem	inn
hospedaria	guesthouse
meia pensão	half board
não há vagas	no vacancies
pensão	boarding house
pensão completa	full board
pequeno almoço	breakfast
pousada	state-owned inn, often refurbished historic building
preço por dia	price per day
quarto	room
recepção	reception
saída de emergência	fire escape
sala de convívio	lounge
sem pensão	no meals served
serviço (não) incluído	service (not) included

bill	a conta *konta*
dessert	a sobremesa *sohbrimehza*
drink	beber *bibehr*
eat	comer *koomehr*
food	a comida *koomeeda*
main course	o prato principal *prahtoo preengseepahl*
menu	o menu *minoo*
restaurant	o restaurante *rishtowrant*
salad	uma salada *salahda*
service	o serviço *sirveesoo*
starter	a entrada *aingtrahda*
tip	a gorjeta *goorjehta*
waiter	o empregado *aingprigahdoo*
waitress	a empregada *aingprigahda*

a table for three, please
uma mesa para três pessoas, por favor
ooma mehza para trehsh pisoh-ash poor favohr

can I see the menu?
o menu, por favor
oo minoo poor favohr

we'd like to order
queríamos pedir
kiree-amoosh pideer

what do you recommend?
o que recomenda?
oo kih rikoomehnda

I'd like ... please
queria ... por favor
kiree-a ... poor favohr

waiter/waitress!
se faz favor!
sih fahsh favohr

EATING OUT

could we have the bill, please?
a conta, por favor
a konta poor favohr

two white coffees please
dois cafés com leite, por favor
doh-ish kafesh kong layt poor favohr

that's for me
este é meu
esht e meh-oo

some more bread please
mais pão, por favor
mah-ish powng poor favohr

a bottle of red/white wine please
uma garrafa de vinho tinto/branco por favor
ooma garrahfa dih veenyoo teentoo/brankoo poor favohr

cervejaria	beer house
comidas	food
entrada	starter
gelataria	ice-cream parlour
homens	gents
meia dose	half portion
menu de preço fixo	fixed-price menu
menu turístico	tourist menu
para levar	to take away
prato do dia	today's special menu
pré-pagamento	choose your food, drink etc and then pay at the cash-desk before you get served
sandes	sandwiches
senhoras	ladies
serviço incluído	service included (*no tip necessary*)
tarifas de consumo	price list

18

açorda de alho thick bread soup with garlic
almôndegas meat balls
amêijoas à Bulhão Pato clams with coriander, onion and garlic
à moda de . . . in the . . . fashion
anho à moda do Minho roast lamb served with roast potatoes
arroz à Portuguesa rice with vegetables
arroz de cabidela rice with fowl's blood
arroz de frango chicken with rice
arroz doce sweet rice dessert
aves fowl
bacalhau assado roast salted cod
bacalhau à Zé do Pipo salted cod in an egg sauce
bacalhau dourado salted cod baked in the oven
bacalhau grelhado grilled salted cod
bacalhau nas brasas barbecued salted cod
batata assada baked potato
batata palha thinly cut chips
batatas cozidas boiled potatoes
batatas fritas chips
bem passado well done
bica small black coffee
bifana hot pork slice in a roll
bife steak
bife a cavalo steak with a fried egg on top
bife à cortador thick tender steak
bife de alcatra rump steak
bife grelhado grilled steak
bitoque small steak with fried egg, rice and chips
bolo de chocolate chocolate cake
caça game
cachorros hot dogs
café com pingo espresso coffee with brandy
caldeirada fish stew
caldo verde cabbage soup

19

canja de galinha chicken soup
capilé drink made with water, sugar and syrup
carapau de escabeche marinated mackerel
carapau frito fried mackerel
caril curry
carioca small weak brown coffee
carne de vaca assada roast beef
carne de vaca guisada stewed meat
carnes frias selection of cold meats
cataplan fish stew
cerveja beer
cerveja branca lager
cerveja preta bitter
chá com mel tea with honey
chá de limão lemon tea
chá de tília lime tea
chocolate glacé iced chocolate
chocolate quente hot chocolate
chouriço assado roasted spiced sausage
cocktail de camarão prawn cocktail
coelho de escabeche marinated rabbit
coelho guisado stewed rabbit
cogumelos com alho mushrooms with garlic
corvina large sea fish
costeletas de carneiro lamb chops
costeletas de porco pork chops
costeletas fritas fried chops
costeletas grelhadas grilled chops
courgettes com creme no forno baked courgettes with
  cream
couve-flor com molho branco no forno cauliflower
  cheese
couvert cover charge
couves de bruxelas salteadas Brussels sprouts in
  butter sauce
couves guisadas com salsichas stewed cabbage and
  sausage
cozido à Portuguesa Portuguese stew (contains
  chicken, sausage etc)
crepe de camarão prawn crepe
crepe de carne meat crepe

dobrada tripe stew
doces de ovos custard-like sweet made with eggs and sugar
dose de mariscos a portion of shellfish
empadão de carne large meat pie
empadão de peixe large fish pie
empadas de galinha chicken pies
enguias fritas fried eels
ensopado de borrego lamb stew
entradas starters
ervilhas guisadas stewed peas
escalope ao Madeira escalope with Madeira wine
escalope de carneiro mutton escalope
escalope panado breaded escalope
esparregado finely cut vegetable stew
espetada de leitão sucking pig kebab
espetada de rins kidney kebab
espetada de vitela veal kebab
espinafres gratinados spinach au gratin
espinafres salteados spinach in butter sauce
fatias recheadas slices of bread with fried mince
favas broad beans
feijoada bean stew
frango assado roast chicken
frango na púcara chicken casserole with Port and almonds
frango no churrasco barbecued chicken
fruta da época seasonal fruit
galão large milky coffee
garoto small milky coffee
gelado de baunilha vanilla ice cream
geleia preserve
hamburguer com batatas fritas hamburger and chips
hamburguer com ovo hamburger with an egg
iscas cozidas com batatas boiled liver and chips
lagosta à Americana lobster with tomato and onions
lagosta thermidor lobster thermidor
lampreia à moda do Minho whole lamprey served in a thick sauce
lampreia de ovos sweet made of eggs and sugar, served in the shape of a lamprey

lanche afternoon tea
legumes vegetables
leitão da Bairrada sucking pig from Bairrada
limonada fresh lemon juice and water
língua de porco tongue of pork
linguado grelhado/frito/no forno grilled/fried/baked sole
lista de preços price list
lombo de porco loin of pork
lombo de vaca sirloin
lulas fritas/guisadas/recheadas fried/stewed/stuffed squid
maçã assada baked apple
mal passado rare
marmelada quince jam
meia de leite glass of milk
meia desfeita cooked salted cod and chickpeas with olive oil and vinegar
melão com presunto melon with cured ham
migas à Alentejana thick bread soup with garlic and clams
mil folhas sweet flaky pastry
molho à Espanhola spicy onion and garlic sauce
molho branco white sauce
morangos com chantilly strawberries and whipped cream
morena (mistura branca e preta) beer (mixture of lager and bitter)
mousse de leite condensado condensed milk mousse
omeleta de fiambre ham omelette
omeleta de queijo cheese omelette
orelha de porco de vinaigrette pig's ear in vinaigrette
ovo cozido hard boiled egg
ovo escalfado poached egg
ovo estrelado fried egg
ovo quente soft boiled egg
ovos mexidos scrambled eggs
pão de ló de Ovar sweet sponge cake
pão de milho corn bread
pão integral wholemeal bread
pão torrado toasted bread

pastelinhos de bacalhau fish cakes made with salted cod
pataniscas salted cod fritters
paté de coelho rabbit pâté
paté de fígado liver pâté
paté de galinha chicken pâté
pato assado roast duck
pato com laranja duck à l'orange
peixe espada de escabeche marinated swordfish
peixinhos da horta French bean fritters
pequeno almoço continental continental breakfast
pêra bela Helena pear in chocolate sauce
perdizes de escabeche/fritas/na púcara
  marinated/fried/casseroled partridge
perna de carneiro assada roast leg of lamb
perna de carneiro entremeada stuffed leg of lamb
peru assado roast turkey
peru recheado stuffed turkey
pescada cozida boiled whiting
pescadinhas de rabo na boca whiting served with
  their tails in their mouths
prato do dia today's special
prato especial da casa speciality of the house
prego thin slice of hot steak in a roll
puré de batata mashed potatoes
PV (Preço variado) price varies
queijo curado cured cheese
queijo da Ilha strong peppery cheese from Madeira
queijo de cabra goat's cheese
queijo de ovelha sheep's cheese
rabanadas French toast
remoulade dressing with mustard and herbs
requeijão curd cheese
rins à Madeira kidney served with Madeira wine
rolo de carne meat roll
salada de agriões watercress salad
salada de atum tuna salad
salada de frutas fruit salad
salada de lagosta lobster salad
salada russa diced vegetable salad in mayonnaise
salmão fumado smoked salmon
salsichas de peru turkey sausages

salsichas de porco pork sausages
sandes de fiambre ham sandwich
sandes de lombo steak sandwich
sandes de presunto cured ham sandwich
sandes de queijo cheese sandwich
sandes mista cheese and ham sandwich
sardinhas assadas roast sardines
selecção de queijos selection of cheeses
sonhos doughnut-type cakes
sopa de agriões watercress soup
sopa de alho-porro leek soup
sopa de cebola gratinada onion soup au gratin
sopa de cogumelos mushroom soup
sopa de espargos asparagus soup
sopa de lagosta lobster soup
sopa de marisco shellfish soup
sopa de ostras oyster soup
sopa dourada egg-based sweet
Sopa Juliana vegetable soup
soufflé de camarão prawn soufflé
soufflé de cogumelos mushroom soufflé
soufflé de espinafres spinach soufflé
soufflé de queijo cheese soufflé
sumo de laranja orange juice
sumo de tomate tomato juice
tarte de cogumelos mushroom quiche
tarte de maçã apple tart
torresmos small rashers of fried bacon
tosta mista ham and cheese toasted sandwich
tripas tripe stew
truta assada no forno/cozida/frita baked/boiled/fried
  trout
veado assado roast venison

HAVING A DRINK

bar	um bar *bahr*
beer	uma cerveja *sirvayja*
coke (R)	uma coca-cola *koka-kola*
dry	seco *sehkoo*
fresh orange	um sumo de laranja *soomoo dih laranja*
gin and tonic	um gin-tónico *jeen-toneekoo*
ice	o gelo *jehloo*
lager	uma cerveja *sirvayja*
Madeira wine	uma malvasia *malvazee-a*
pub	um bar *bahr*
red	tinto *teentoo*
straight	puro *pooroo*
sweet	doce *dohs*
vodka	um vodka *vodka*
whisky	um whisky *weeskee*
white	branco *brankoo*
wine	o vinho *veenyoo*

let's go for a drink
vamos tomar alguma coisa
vamoosh toomahr ahlgooma koh-iza

a beer please
uma cerveja, por favor
ooma sirvayja poor favohr

two beers please
duas cervejas, por favor
doo-ash sirvayjash poor favohr

a glass of red/white wine
um copo de vinho tinto/branco
oong kopoo dih veenyoo teentoo/brankoo

with lots of ice
com muito gelo
kong mweengtoo jehloo

HAVING A DRINK

no ice thanks
sem gelo, por favor
saing jehloo poor favohr

can I have another one?
mais um, por favor
mah-iz oong poor favohr

the same again please
o mesmo, por favor
oo mehjmoo poor favohr

what'll you have?
o que quer tomar?
oo kih ker toomahr

I'll get this round
esta rodada é minha
eshta roodahda e meenya

not for me thanks
para mim não, obrigado
para meeng nowng ohbreegahdoo

he's absolutely smashed
ele está completamente bêbado
ehl shtah kohmplehtamehnt behbadoo

aguardente	aquavit
bica	small espresso
carioca	weak black coffee
cerveja branca	lager
cerveja de pressão	draught beer
cerveja preta	bitter
galão	coffee with milk (*large*)
garoto	coffee with milk (*small*)
lista de preços	price list
malvasia	Madeira wine
uísque	whisky
vinho branco/tinto	white/red wine
vinho verde	young, slightly sparkling white wine

COLLOQUIAL EXPRESSIONS

barmy	maluco *malookoo*
bastard	um filho-da-puta *feelyoo da poota*
bird	uma rapariga *rapareega*
bloke	um gajo *gahjoo*
nutter	louco *lohkoo*
pissed	grosso *grohsoo*
thickie	um burro *booroo*
twit	um imbecil *eengbesseel*

great!
porreiro!
poorrehiroo

that's awful!
que horror!
kih ohrrohr

shut up!
cala-te!
kahla-tih

ouch!
au!
ow

yum-yum!
gostoso!
gooshtohzoo

I'm absolutely knackered
estou morto de cansado
shtoh mohrtoo dih kansahdoo

I'm fed up
estou farto
shtoh fahrtoo

I'm fed up with ...
estou farto de ...
shtoh fahrtoo dih

27

COLLOQUIAL EXPRESSIONS

don't make me laugh!
não sejas ridículo!
nowng sehjash reedeekooloo

you've got to be joking!
deves estar a brincar!
dehvij shtahr a breenkahr

it's rubbish (*goods etc*)
é refugo
e rifoogoo

it's a rip-off
isso é um roubo
eesoo e oong rohboo

get lost!
vá para o diabo!
vah par-oo deeahboo

it's a damn nuisance
que maçada!
kih masahda

it's absolutely fantastic
é realmente fantástico
e riahlmehnt fantahshteekoo

bestial!	fantastic!, magic!
certo	yes sure
está bem	it's OK
está nas suas sete quintas	he's/she's over the moon
isso é canja	that's easy
não faz mal	it doesn't matter
não me diga!	you don't say!
ora essa!	don't be daft!
porreiro!	great!
que chatice!, que droga!	oh no!, blast!
tolo	silly

28

bike	uma bicicleta *beeseeklehta*
bus	o autocarro *owtookahrroo*
car	um carro *kahrroo*
change *(trains)*	fazer mudança *fazehr moodansa*
garage *(for fuel)*	uma bomba de gasolina *bohmba dih gazooleena*
hitch-hike	andar à boleia *andahr ah boolay-a*
map	um mapa *mahpa*
moped	uma motorizada *mootohreezahda*
motorbike	uma mota *mota*
petrol	a gasolina *gazooleena*
return (ticket)	um ida e volta *eeda-ee-volta*
single	um ida *eeda*
station	a estação *ishtasowng*
taxi	um táxi *tahksi*
ticket	um bilhete *beelyeht*
train	o comboio *komboyoo*
underground	o metro *mehtroo*

I'd like to rent a car/moped
queria alugar um carro/uma motorizada
kiree-a aloogahr oong kahroo/ooma mootohreezahda

how much is it per day?
quanto custa por dia?
kwantoo kooshta poor dee-a

when do I have to bring the car back?
quando devo trazer o carro de volta?
kwandoo dehvoo trazehr oo kahrroo dih volta

I'm heading for . . .
vou para . . .
voh para

how do I get to . . .?
para ir a . . .?
par eer a

29

REPLIES

sempre em frente
sehmpraing frent
straight on

vire à direita/esquerda
veer ah deerayta/shkehrda
turn right/left

é aquele edifício ali
e akehl ideefeesyoo alee
it's that building there

tem que voltar naquela direcção
taing kih vohltahr nakela deeresowng
it's back that way

a primeira/segunda/terceira à esquerda
a preemayra/sigoonda/tirsayra ah shkehrda
first/second/third on the left

we're just travelling around
estamos a visitar a região
shtamooz a vizeetahr a rijyowng

I'm a stranger here
não sou daqui
nowng soh dakee

is that on the way?
é no caminho?
e noo kameenyoo

can I get off here?
posso sair aqui?
po-soo sa-eer akee

thanks very much for the lift
muito obrigado pela boleia
mweengtoo ohbreegahdoo pehla boolay-a

two returns to . . . please
dois ida e volta para . . ., por favor
doh-ish eeda-ee-volta para . . . poor favohr

what time is the last train back?
a que horas sai o último comboio de volta?
a kih orash sy oo oolteemoo komboyoo dih volta

we want to leave tomorrow and come back the day after
queremos partir amanhã e voltar depois de amanhã
kirehmoosh parteer ahmanyang ee vohltahr dipoh-ish dahmanyang

we're coming back the same day
voltamos no mesmo dia
vohltamoosh noo mehjmoo dee-a

is this the right platform for ...?
é este o cais certo para ...?
e esht oo kah-ish sehrtoo para

is this train going to ...?
este comboio vai para ...?
esht komboyoo vy para

which station is this?
que estação é esta?
kih ishtasowng e eshta

which stop is it for ...?
qual é a paragem para ...?
kwahl e a parahjaing para

can I take my bike on the train?
posso levar a bicicleta no comboio?
po-soo livahr a beeseeklehta noo komboyoo

how far is it to the nearest petrol station?
a que distância fica a bomba de gasolina mais próxima?
a kih dishtansya feekah bohmba dih gazooleena mah-ish proseema

I need a new tyre
preciso de um pneu novo
priseezoo doong pnehoo nohvoo

it's overheating
o motor está a esquentar demais ·
oo mootohr shtah a shkehntahr dimah-ish

GETTING AROUND

there's something wrong with the brakes
os travões estão defeituosos
oosh travoingsh shtowng difaytwozoosh

acenda os médios	switch on dipped headlights
acenda os mínimos	switch on side lights
autoestrada	motorway
conduza com cuidado	drive carefully
dê prioridade	give way
desvio	diversion
devagar	slow
estacionamento proibido	no parking
estrada principal	main road
fim de autoestrada	end of motorway
início de autoestrada	start of motorway
limite de velocidade	speed limit
lomba	crest of hill
obras	roadworks
paragem	bus stop
parque de estacionamento	car park
perigo, parar	danger, stop
piso escorregadio	slippery road surface
piso irregular	uneven road surface
ponte	bridge
portagem	toll
praça de táxis	taxi rank
queda de pedras/rochas	falling stones/rocks
seguir pela direita	keep right
seguir pela esquerda	keep left
semáforos	traffic lights
sentido único	one way
trânsito nos dois sentidos	two way traffic
vedado ao trânsito	no thoroughfare
veículos longos/pesados	long/heavy vehicles
zona azul	parking permit zone

SHOPPING

carrier bag	um saco *sahkoo*
cashdesk	a caixa *kah-isha*
cheap	barato *barahtoo*
cheque	um cheque *shek*
department	a secção *seksowng*
expensive	caro *kahroo*
pay	pagar *pagahr*
receipt	um recibo *riseeboo*
shop	uma loja *loja*
shop assistant	o vendedor *vendidohr*
	a vendedora *vendidohra*
supermarket	o supermercado *soopirmirkahdoo*
till	a caixa *kah-isha*

I'd like ...
queria ...
kiree-a

have you got ...?
tem ...?
taing

how much is this?
quanto custa isto?
kwantoo kooshta eeshtoo

the one in the window
aquele na montra
akehl na montra

do you take credit cards ?
aceitam cartões de crédito?
asaytowng kartoingsh dih kredeetoo

could I have a receipt please?
pode dar-me um recibo, por favor?
pod dahr-mih oong riseeboo poor favohr

SHOPPING

can I just have a look around?
gostava de dar uma olhada
gooshtava dih dar ooma ohlyahda

I'd like to try it on
queria prová-lo
kiree-a proovahloo

I'll come back
voltarei depois
vohltaray dipoh-ish

it's too big/small
é muito grande/pequeno
e mweengtoo grand/pikehnoo

it's not what I'm looking for
não é o que procuro
nowng e oo kih prookooroo

I'll take it
vou levá-lo
voh livahloo

can you gift-wrap it?
pode embrulhar para presente?
pod embroolyahr para prizehnt

aberto das . . . às . . . horas	open from . . . to . . . o'clock
desconto de . . .	reduced by . . .
fechado até . . .	closed until . . .
fechados para balanço	closed for stocktaking
fechados para férias	closed for holidays
fim de estação	end of season
horas de abertura	opening hours
liquidação (total)	(clearance) sale
oferta especial	special offer
preços reduzidos	reduced prices
serviço permanente	24 hour service
trespassa-se	premises for sale

34

PORTUGAL AND THINGS PORTUGUESE

Some names which are different:

Lisbon	Lisboa *lijboh-a*
Oporto	Porto *pohrtoo*
arraial	local fair with fireworks, dances and songs
Cabo de São Vicente	Cape St Vincent — westernmost point of Europe
casa de fados	restaurant where fados are sung
desfolhada	party held at threshing time
desgarradas	spontaneous songs
fadista	fado singer
fado	sad, romantic, traditional Portuguese song
festas dos santos populares	feast days of saints
levada	country walkway along the edges of irrigation channels on Madeira
noite de Santo António	13th June ⎫ celebrations are held on these
noite de São João	24th June ⎬ three dates with music, fireworks
noite de São Pedro	29th June ⎭ and processions
praça de touros	bullring
procissão	candlelit procession held to celebrate the feast days of saints, also held on Good Friday
tourada	bullfight — in Portugal the bulls are not killed
vindima	grape harvest — with a party when it's finished
viola	guitar used to accompany popular songs and dances

35

MONEY

bank	um banco *bankoo*
bill	a conta *konta*
bureau de change	o câmbio *kambyoo*
cash dispenser	um autobanco *owtoobankoo*
change (*small*)	o troco *trohkoo*
cheque	um cheque *shek*
credit card	um cartão de crédito *kartowng dih kredeetoo*
escudos	escudos *ishkoodoosh*
Eurocheque	um eurocheque *ehoorooshek*
exchange rate	a taxa de câmbio *tahsha dih kambyoo*
expensive	caro *kahroo*
pounds (sterling)	as libras esterlinas *leebrash ishterleenash*
price	o preço *prehsoo*
receipt	o recibo *riseeboo*
traveller's cheque	um travel-cheque *travel-shehk*

how much is it?
quanto custa?
kwantoo kooshta

I'd like to change this into ...
queria trocar isto por ...
kiree-a trookahr eeshtoo poor

can you give me something smaller?
pode dar-me dinheiro menor?
pod dahr-mih deenyayroo minor

can I use this credit card?
posso usar este cartão de crédito?
po-soo oozahr esht kartowng dih kredeetoo

can we have the bill please?
a conta, por favor
a konta poor favohr

please keep the change
fique com o troco
feek kong oo trohkoo

does that include service?
o serviço está incluído?
oo sirveesoo shtah eengkloo-eedoo

what are your rates?
qual é o seu preço?
kwahl e oo seh-oo prehsoo

I think the figures are wrong
penso que há um engano
pehnsoo kih ah oong enganoo

I'm completely skint
não tenho um tostão
nowng taynyoo oong tooshtowng

The unit is the 'escudo' *ishkoodoo* which is divided into
100 centavos. 'Um tostão' *tooshtowng* is 2.5 escudos
and 'um conto' *kontoo* is 1,000 escudos.

autobanco	cash dispenser
banco	bank
banco de poupança	savings bank
caixa	cash desk
câmbio	exchange
câmbio do dia	current exchange rate
cartão bancário	cheque card
comissão	commission
compra	we buy
divisas	foreign currency
guichet	window, counter
libras esterlinas	pounds sterling
moedas	coins
notas	banknotes
recibo	receipt
venda	we sell

ENTERTAINMENT

band (*pop*)	a banda *banda*
cinema	o cinema *seenehma*
concert	o concerto *konsayrtoo*
disco	a discoteca *deeshkootehka*
film	um filme *feelm*
go out	sair *sa-eer*
music	a música *moozeeka*
night out	uma noitada *noh-itahda*
play (*theatre*)	a peça *pehsa*
seat	um lugar *loogahr*
show	um espetáculo *shpitahkooloo*
singer	um cantor *kantohr*
	uma cantora *kantohra*
theatre	o teatro *tiahtroo*
ticket	o bilhete *beelyeht*

are you doing anything tonight?
vais fazer alguma coisa hoje à noite?
vysh fazehr ahlgooma koh-iza ohj ah noh-it

do you want to come out with me tonight?
queres sair comigo hoje à noite?
kerish sa-eer koomeegoo ohj ah noh-it

what's on?
que está a passar?
kih shtah a pasahr

have you got a programme of what's on in town?
tens um programa do que está a passar na cidade?
taynsh oong proograma doo kih shtah a pasahr na seedahd

which is the best disco round here?
qual é a melhor discoteca por aqui?
kwahl e a milyor deeshkootehka poor akee

let's go to the cinema/theatre
vamos ao cinema/teatro
vamooz ow seenehma/tiahtroo

I've seen it
já o vi
jah-oo vee

I'll meet you at 9 o'clock at the station
encontro-te às nove na estação
aingkontroo-tih ahsh nov na ishtasowng

can I have two tickets for tonight?
queria dois bilhetes para hoje à noite
kiree-a doh-ish beelyehtsh para ohj ah noh-it

do you want to dance?
queres dançar?
kerish dansahr

do you want to dance again?
queres dançar novamente?
kerish dansahr novamehnt

thanks but I'm with my boyfriend
obrigada, mas estou com o meu namorado
ohbreegahda, mash shtoh kong oo mehoo namoorahdoo

let's go out for some fresh air
vamos sair para tomar ar fresco
vamoosh sa-eer para toomahr ahr frehshkoo

will you let me back in again later?
deixa-me entrar novamente mais tarde?
daysha-mih entrahr novamehnt mah-ish tahrd

I'm meeting someone inside
vou encontrar uma pessoa lá dentro
voh aingkontrahr ooma pisoh-a lah dehntroo

estreia	first showing
fumadores	smokers
interdito a menores de . . . anos	no admission to those under . . . years of age
lotação esgotada	all tickets sold
proibido fumar	no smoking
próxima sessão às . . .	next showing at . . . o'clock

THE BEACH, THE POOL

beach	a praia *pry-a*
beach umbrella	o parassol *parasol*
bikini	um bikini *bikeenee*
dive	mergulhar *mirgoolyahr*
sand	a areia *aray-a*
sea	o mar *mahr*
sunbathe	apanhar sol *apanyahr sol*
suntan lotion	a loção bronzeadora *loosowng bronzi- adohra*
suntan oil	o óleo bronzeador *oleeoo bronzi-ahdohr*
swim	nadar *nadahr*
swimming costume	um fato de banho *fahtoo dih banyoo*
tan (*verb*)	bronzear *bronzi-ahr*
towel	a toalha *twahlya*
wave	a onda *onda*

let's go down to the beach
vamos à praia
vamooz ah pry-a

what's the water like?
como está a água?
kohmoo shtah a ahgwa

it's freezing
está gelada
shtah jilahda

it's beautiful
está óptima
shtah oteema

are you coming for a swim?
vens nadar?
vayngsh nadahr

I can't swim
não sei nadar
nowng say nadahr

he swims like a fish
ele nadá como um peixe
ehl nahda kohm oong paysh

will you keep an eye on my things for me?
podes dar uma olhada nas minhas coisas?
podsh dahr ooma olyahda nash meenyash koh-izash

is it deep here?
é fundo aqui?
e foondoo akee

could you rub suntan oil on my back?
podes passar óleo nas minhas costas?
podsh pasahr oleeoo nash meenyash koshtash

I love sun bathing
adoro apanhar sol
adoroo apanyahr sol

I'm all sunburnt
estou todo queimado de sol
shtoh tohdoo kaymahdoo dih sol

let's go up to the cafe
vamos até o café?
vamooz ate-oo kafe

aluguer de parassóis/ cadeiras	beach umbrellas/ chairs for hire
banheiros	toilets
duches	showers
lixo	litter
nadador salvador	lifeguard
perigo	danger
proibido nadar	no swimming
proibido tomar banho	no bathing

accident	um acidente *ahseedehnt*
ambulance	uma ambulância *amboolansya*
broken	partido *parteedoo*
doctor	um médico *medeekoo*
emergency	uma emergência *emirjehnsya*
fire	um incêndio *eensehndyoo*
fire brigade	os bombeiros *bohmbayroosh*
ill	doente *dwehnt*
injured	ferido *fireedoo*
late	tarde *tahrd*
out of order	estragado *shtragahdoo*
police	a polícia *pooleesya*

can you help me? I'm lost
pode ajudar-me? estou perdido
pod ajoodahr-mih shtoh pirdeedoo

I've lost my passport
perdi o meu passaporte
pirdee oo mehoo pasaport

I've locked myself out of my room
Esqueci-me da chave dentro do quarto
Shkisee-mih da shahv dehntroo doo kwahrtoo

my luggage hasn't arrived
a minha bagagem não chegou
a meenya bagahjaing nowng shigoh

I can't get it open
não consigo abri-lo
nowng konseegoo abreeloo

it's jammed
está emperrado
shtah aingpirrahdoo

I don't have enough money
não tenho dinheiro suficiente
nowng taingyoo deenyayroo soofeesyehnt

PROBLEMS

I've broken down
sofri uma avaria
soofree ooma avareea

can I use your telephone please, this is an emergency
posso usar o seu telefone, por favor? é uma emergência
po-soo oozahr oo sehoo tilifon poor favohr e ooma
ehmirjehnsya

help!
socorro!
sookohroo

it doesn't work
não funciona
nowng foonsyona

the lights aren't working in my room
as luzes não funcionam no meu quarto
ash loozish nowng foonsyonowng noo mehoo kwahrtoo

the lift is stuck
o elevador está estragado
oo eelivadohr shtah shtragahdoo

I can't understand a single word
não percebo nada
nowng pirsehboo nahda

can you get an interpreter?
pode arranjar um intérprete?
pod arranjahr oong eenterpritih

the toilet won't flush
a descarga da retreta não funciona
a dishkahrga da ritrehta nowng foonsyona

there's no plug in the bath
não há tampa do ralo na banheira
nowng ah tampa doo rahloo na banyayra

there's no hot water
não há água quente
nowng ah ahgwa kent

PROBLEMS

there's no toilet paper left
não há mais papel higiénico
nowng ah mah-ish papel eejieneekoo

I'm afraid I've accidentally broken the . . .
acho que quebrei o . . . sem querer
ahshoo kih kibray oo . . . saing kirehr

this man has been following me
este homem está a seguir-me
esht omaing shtah a sigeer-mih

I've been mugged
fui roubado
fwee rohbahdoo

my handbag has been stolen
a minha mala de mão foi roubada
a meenya mahla dih mowng fohee rohbahda

bombeiros	fire brigade
cuidado com o cão	beware of the dog
entrada proibida	no entry
estragado	out of order
GNR (*Guarda Nacional Republicana*)	National Guard, type of police force
não funciona	out of order
perdidos e achados	lost property
perigo	danger
perigo de desmoronamento	danger of landslides
perigo de incêndio	beware of starting fires
primeiros socorros	first aid
proibido . . .	no . . .
quebre em caso de emergência	break in case of emergency
saída de emergência	emergency exit

bandage	a ligadura *leegadoora*
blood	o sangue *san-gih*
broken	partido *parteedoo*
burn	a queimadura *kaymadoora*
chemist's	a farmácia *farmahsya*
contraceptive	o contraceptivo *kontrasepteevoo*
dentist	um dentista *denteeshta*
disabled	deficiente *difeesient*
disease	uma doença *dwensa*
doctor	um médico *medeekoo*
health	a saúde *sa-ood*
hospital	um hospital *oshpeetahl*
ill	doente *dwent*
nurse	uma enfermeira *aingfirmayra*
wound	uma ferida *fireeda*

I don't feel well
não me sinto bem
nowng mih seentoo baing

it's getting worse
está a piorar
shtah a pyorahr

I feel better
sinto-me melhor
seentoo-mih milyor

I feel sick
sinto-me enjoado
seentoo-mih aingjwahdoo

I've got a pain here
sinto uma dor aqui
seentoo ooma dohr akee

it hurts
dói
doy

45

HEALTH

he's got a high temperature
ele está com febre alta
ehl shtah kong fehbr ahlta

could you call a doctor?
pode chamar-me um médico?
pod shamahr-mih oong medeekoo

is it serious?
é grave?
e grahv

will he need an operation?
ele vai precisar ser operado?
ehl vy priseezahr sehr ohpirahdoo

I'm diabetic
sou diabético
soh dee-abeteekoo

keep her warm
mantenha-a aquecida
mantehnya-a akeseeda

have you got anything for ...?
tem alguma coisa para ...?
taing ahlgooma koh-iza para

agitar bem antes de usar	shake well before using
comprimidos	tablets
farmácias de serviço	duty chemists
gotas	drops
indicações	instructions for use
não exceder a dose indicada	do not exceed the stated dose
somnífero	sleeping pill
só pode vender-se mediante receita médica	available only on prescription
tomar em jejum	take on an empty stomach
tomar ... vezes ao dia	to be taken ... times a day

I want to learn to sailboard
quero aprender a usar a prancha a vela
keroo aprendehr a oozahr a pranshah vehla

can we hire a sailing boat?
podemos alugar um barco a vela?
poodehmooz aloogahr oom bahrkwa vehla

how much is half an hour's waterskiing?
quanto custa meia hora de esqui aquático?
kwantoo kooshta may-a ora dih-ishkee akwahteekoo

I'd like lessons in skin-diving
queria lições de mergulho
kiree-a leesoingsh dih mirgoolyo

can we use the tennis court?
podemos usar o campo de ténis?
poodehmooz oozahr oo kampoo dih teneesh

I'd like to go and watch a football match
queria ir ver um jogo de futebol
kiree-a eer vehr oong johgoo dih footbol

is it possible to do any horse-riding here?
é possível andar a cavalo aqui?
e pooseevel andahr ah kavahloo akee

I'm here to play golf
vim jogar golfe
veeng joogahr golf

we're going to do some hill-walking
nós vamos caminhar nos montes
nosh vamoosh kameenyahr noosh montsh

this is the first time I've ever tried it
é a primeira vez que tento fazer isto
e a preemayra vehsh kih tentoo fazehr eeshtoo

letter	a carta *kahrta*
poste restante	a posta restante *poshta ristant*
post office	o correio *koorrayoo*
recorded delivery	entrega registada *aingtrehga rijeeshtahda*
send	enviar *aingveeahr*
stamp	um selo *sehloo*

how much is a letter to Ireland?
quanto é uma carta para a Irlanda?
kwantoo e ooma kahrta parah eerlanda

I'd like four . . . escudos stamps
queria quatro selos de . . . escudos
kiree-a kwahtroo sehloosh dih . . . ishkoodoosh

I'd like six stamps for postcards to England
queria seis selos para postais para a Inglaterra
kiree-a saysh sehloosh para pooshtah-ish parah eenglaterra

is there any mail for me?
tem algum correio para mim?
taing ahlgoong koorrayoo para meeng

I'm expecting a parcel from . . .
espero uma encomenda de . . .
shperoo ooma aingkoomenda dih

correio aéreo	airmail
correios	post office
CTT (Correios, Telégrafos e Telecomunicações)	national telecommunications service
destinatário	addressee
remetente	sender
selo	stamp

directory enquiries	as informações *eenfoormasoingsh*
engaged	impedido *eempideedoo*
extension	a extensão *ishtaynsowng*
number	o número *noomiroo*
operator	a telefonista *tilifooneeshta*
phone	telefonar *tilifoonahr*
phone box	uma cabine telefónica *kabeen tilifoneekih*
telephone	o telefone *tilifon*
telephone directory	a lista dos telefones *leeshta doosh tilifonsh*

is there a phone round here?
há um telefone por aqui?
ah oong tilifon poor akee

can I use your phone?
posso usar o seu telefone?
po-soo oozahr oo sehoo tilifon

I'd like to make a phone call to Britain
queria fazer uma chamada para a Grã-Bretanha
kiree-a fazehr ooma shamahda parah grang-britanya

I want to reverse the charges
quero que seja paga pelo destinatário
keroo kih sehja pahga pehloo dishteenatahryoo

hello
está?
shtah

could I speak to Anna?
posso falar com Anna?
po-soo falahr kong Anna

hello, this is Simon speaking
está, aqui fala Simon
shtah akee fahla Simon

TELEPHONING

can I leave a message?
posso deixar um recado?
po-soo dayshahr oong rikahdoo

do you speak English?
fala inglês?
fahla eenglehsh

could you say that again very very slowly?
pode repetir bem devagar, por favor?
pod ripiteer baing divagahr poor favohr

could you tell him Jim called?
pode dizer-lhe que Jim telefonou?
pod deezehr-lyih kih Jim tilifoonoh

could you ask her to ring me back?
pode pedir-lhe que me chame de volta?
pod pideer-lyih kih mih shamih dih volta

I'll call back later
volto a telefonar mais tarde
voltwah tilifoonahr mah-ish tahrd

my number is . . .
o meu número é . . .
oo mehoo noomiroo e

76 32 11
sete seis, três dois, um um
set saysh trehsh doh-ish oong oong

just a minute please
um momento, por favor
oong moomehntoo poor favohr

he's not in
ele não está
ehl nowng shtah

sorry, I've got the wrong number
desculpe, enganei-me no número
dishkoolp ainganay-mih noo noomiroo

it's a terrible line
a linha está muito má
a leenya shtah mweengtoo mah

50

TELEPHONING

REPLIES

não desligue
nowng dijleeg
hang on

é da parte de quem?
e da pahrt dih kayng
who shall I say is calling?

quem está a falar?
kayng shtah a falahr
who's calling?

115	emergency number
ao ouvir o sinal . . .	when you hear the tone . . .
avariado	out of order
cabine telefónica	telephone box
chamada	call
espere pelo sinal	wait for the tone
indicativo	area code
introduza a moeda na ranhura	insert coin in slot
levante o auscultador	lift the receiver
lista telefónica	telephone directory
marque o número desejado	dial the number you require
páginas amarelas	yellow pages
Reino Unido	United Kingdom

THE ALPHABET

how do you spell it?	**I'll spell it**
como é que se soletra?	vou soletrar
kohmwe kih sih sooletra	*voh soolitrahr*

a *ah*	**g** *jeh*	**m** *em*	**s** *es*	**y** *eepseelon*
b *beh*	**h** *agah*	**n** *en*	**t** *teh*	**z** *zeh*
c *seh*	**i** *ee*	**o** *oh*	**u** *oo*	
d *deh*	**j** *jota*	**p** *peh*	**v** *veh*	
e *e*	**k** *kahpa*	**q** *keh*	**w** *veh* *dooploo*	
f *ef*	**l** *el*	**r** *err*	**x** *sheesh*	

51

0	zero *zairoo*
1	um *oong*
2	dois *doh-ish*
3	três *trehsh*
4	quatro *kwahtroo*
5	cinco *seenkoo*
6	seis *saysh*
7	sete *set*
8	oito *oh-itoo*
9	nove *nov*
10	dez *desh*
11	onze *onz*
12	doze *dohz*
13	treze *trehz*
14	catorze *katohrz*
15	quinze *keenz*
16	dezasseis *dizasaysh*
17	dezassete *dizaset*
18	dezoito *dizoh-itoo*
19	dezanove *dizanov*
20	vinte *veent*
21	vinte e um *veent-ee-oong*
22	vinte e dois *veent-ee-doh-ish*
30.	trinta *treenta*
35	trinta e cinco *treenta-ee-seenkoo*
40	quarenta *kwarenta*
50	cinquenta *seenkwenta*
60	sessenta *sisenta*
70	setenta *sitenta*
80	oitenta *oh-itenta*
90	noventa *nooventa*
100	cem *sayng*

101	cento e um *sehntw-ee-oong*

200	duzentos *doozehntoosh*
300	trezentos *trizehntoosh*
400	quatrocentos *kwatroosehntoosh*
500	quinhentos *keenyehntoosh*
600	seiscentos *saysehntoosh*
700	setecentos *setsehntoosh*
800	oitocentos *oh-itoosehntoosh*
900	novecentos *novisehntoosh*

1000	mil *meel*
2000	dois mil *doh-ish meel*
5000	cinco mil *seenkoo meel*

NOTE: In Portuguese a comma is used to indicate a decimal point and a full stop to indicate thousands.

what's the date?
quantos são hoje?
kwantoosh sowng ohj?

it's the 6th of May 1989
são seis de Maio de 1989
sowng saysh di mah-yoo de meel novisehntooshee-oh-itenta-eenov

what time is it?
que horas são?
kyorash sowng

it's midday/midnight
é meio-dia/meia noite
e may-oo-deea/may-a noh-it

it's one/three o'clock
é uma hora/são três horas
e ooma ora/sowng trehz orash

it's half past eight
são oito e meia
sowng oh-itw-ee-may-a

53

NUMBERS, THE DATE, THE TIME

it's a quarter past/to five
são cinco e um quarto/menos um quarto
sowng seenkw-ee-oong kwahrtoo/mehnoosh oong kwahrtoo

it's ten past five/ten to five
são cinco e dez/cinco menos dez
sowng seenkw-ee-desh/seenko mehnoosh desh

it's six a.m./p.m.
são seis da manhã/tarde
sowng saysh da manyang/tahrd

at one o'clock
à uma hora
a ooma ora

at three o'clock
às três horas
ash trehz orash

A

a um, *f* uma (*see grammar*)
about (*approx*) mais ou menos
above acima
abroad no estrangeiro
accelerator o acelerador
accent o acento
accept aceitar
accident o acidente
accommodation o alojamento
accompany acompanhar
ache a dor
adaptor o adaptador
address o endereço
address book o livro de moradas
adult o adulto, a adulta
advance: in advance adiantado
advise aconselhar
aeroplane o avião
afraid: I'm afraid (of) tenho medo (de)
after depois (de)
afternoon a tarde; **good afternoon** boa tarde
aftershave o aftershave
afterwards depois
again outra vez
against contra
age a idade
agency a agência
agent o/a representante; (*for cars*) o concessionário
aggressive agressivo

ago: three days ago há três dias
agree: I agree concordo
AIDS a SIDA
air o ar
air-conditioned com ar condicionado
air-conditioning o ar condicionado
air hostess a hospedeira de bordo
airline a companhia aérea
airmail: by airmail por via aérea
airport o aeroporto
alarm o alarme
alarm clock o despertador
alcohol o álcool
alive vivo
all: all men/women todos os homens/todas as mulheres; **all the milk/beer** todo o leite/toda a cerveja; **all day** todo o dia
allergic to alérgico a
all-inclusive tudo incluído
allow permitir
allowed permitido
all right: that's all right está bem
almost quase
alone só
already já
also também
alternator o alternador
although embora
altogether totalmente
always sempre

a.m.: at 5 a.m. às cinco da manhã
ambulance a ambulância
America a América
American americano
among entre
amp: 13-amp de 13 amperes
ancestor o antepassado
anchor a âncora
ancient antigo
and e
angina a angina
angry zangado
animal o animal
ankle o tornozelo
anniversary (*wedding*) o aniversário (de casamento)
annoying aborrecido, importuno
anorak o anoraque
another outro; **another beer** outra cerveja
answer a resposta
answer (*verb*) responder
ant a formiga
antibiotic o antibiótico
antifreeze o anticongelante
antihistamines os anti-histamínicos
antique: it's an antique é uma antigüidade
antique shop a casa de antigüidades
antiseptic o anti-séptico
any: have you got any butter/ bananas? tem manteiga/ bananas?; **I don't have any** não tenho
anyway de qualquer forma
apartment o apartamento
aperitif o aperitivo
apologize desculpar-se
appalling horrível

appendicitis a apendicite
appetite o apetite
apple a maçã
apple pie a torta de maçã
appointment a entrevista
apricot o damasco
April Abril
area a região
arm o braço
arrest prender
arrival a chegada
arrive chegar
art a arte
art gallery a galeria de arte
artificial artificial
artist o artista
as (*since*) visto que; **as beautiful as** tão bonito como
ashamed envergonhado
ashtray o cinzeiro
ask perguntar
asleep a dormir
asparagus o espargo
aspirin a aspirina
asthma a asma
astonishing espantoso
at: at the station na estação; **at Maria's** na casa da Maria; **at 3 o'clock** às três horas
Atlantic o Atlântico
attractive atraente
aubergine a beringela
audience o público
August Agosto
aunt a tia
Australia a Austrália
Australian australiano
Austria a Áustria
automatic automático
autumn o Outono
awake acordado

awful horrível
axe o machado
axle o eixo

baby o bebé
baby-sitter a baby-sitter
bachelor o solteirão
back a parte posterior; (*of body*) as costas; **the back wheel/seat** a roda traseira/o assento traseiro
backpack a mochila
bacon o toucinho
bad mau, má
badly mal
bag o saco; (*suitcase*) a mala
bake cozer
baker's o padeiro
balcony a varanda
bald careca
ball a bola
banana a banana
bandage a ligadura
bank o banco
bar o bar
barbecue a churrascada
barber o barbeiro
barmaid a empregada de balcão
barman o barman
basement a cave
basket o cesto
bath o banho
bathing cap a touca de banho
bathroom a casa de banho
bath salts os sais de banho
bathtub a banheira
battery a pilha; (*for car*) a bateria

be ser; estar (*see grammar*)
beach a praia
beans os feijões; **green beans** as favas
beard a barba
beautiful bonito
because porque
become tornar-se
bed a cama; **single/double bed** a cama individual/de casal; **go to bed** ir deitar-se
bed linen a roupa de cama
bedroom o quarto de dormir
bee a abelha
beef a carne de vaca
beer a cerveja
before antes (de)
begin começar
beginner o principiante
beginning o começo
behind atrás; detrás de
beige beige
Belgium a Bélgica
believe (*somebody, something*) acreditar em
bell o sino; (*for door*) a campainha
belong pertencer
below abaixo; de baixo de
belt o cinto
bend a curva
best: the best o melhor
better melhor
between entre
bicycle a bicicleta
big grande
bikini o bikini
bill a conta
bird o pássaro
biro (*R*) a esferográfica
birthday o dia de anos; **happy birthday!** feliz aniversário!

biscuit a bolacha
bit: a little bit um pouco
bite a mordedura; (*insect*) a
  picada
bitter amargo
black preto
black and white preto e
  branco
blackberry a amora
bladder a bexiga
blanket o cobertor
bleach a lexívia
bleed sangrar
bless: bless you! santinho!
blind cego
blister a empola
blocked (*road*) cortada;
  (*pipe*) entupido
blond loiro, louro
blood o sangue
blood group o grupo de
  sangue
blouse a blusa
blow-dry secar com secador
blue azul
boarding pass a carta de
  embarque
boat o barco
body o corpo
boil (*verb*) ferver
bolt a fechadura
bolt (*verb*) trancar
bomb a bomba
bone o osso; (*in fish*) a
  espinha
bonnet (*car*) o capot
book o livro
book (*verb*) reservar
bookshop a livraria
boot (*shoe*) a bota; (*car*) o
  porta-bagagens, o cofre
border a fronteira
boring maçador

born: I was born in 1963
  nasci em 1963
borrow pedir emprestado
boss o patrão
both: both of them ambos
bottle a garrafa
bottle-opener o abre-garrafas
bottom o fundo; (*of body*) o
  traseiro; **at the bottom of**
  no fundo de
bowl a tigela
box a caixa
box office a bilheteira
boy o rapaz
boyfriend o namorado
bra o soutien
bracelet a pulseira
brake o travão
brake (*verb*) travar
brandy o conhaque
brave corajoso
Brazil o Brasil
Brazilian brasileiro; (*man*) o
  brasileiro; (*woman*) a
  brasileira
bread o pão; **white/**
  wholemeal bread o pão
  branco/integral
break partir
break down avariar-se
breakdown (*car*) a avaria;
  (*nervous*) o colapso nervoso
breakfast o pequeno almoço
breast o peito
breastfeed dar de mamar a
breathe respirar
brick o tijolo
bridge (*over river etc*) a ponte
briefcase a pasta
bring trazer
Britain a Grã-Bretanha
British britânico
brochure o folheto

broke: I'm broke estou falido
broken partido
brooch o alfinete
broom a vassoura
brother o irmão
brother-in-law o cunhado
brown castanho
bruise a contusão
brush a escova
Brussels sprouts as couves de Bruxelas
bucket o balde
building o edifício
bulb (*light*) a lâmpada
bull o touro
bumper o pára-choques
bunk beds o beliche
buoy a bóia
burn a queimadura
burn (*verb*) queimar
bus o autocarro
business o negócio
business trip a viagem de negócios
bus station a estação de autocarros
bus stop a paragem
busy (*person*) ocupado; (*street*) muito movimentado; (*bar*) cheio de gente
but mas
butcher's o talho
butter a manteiga
butterfly a borboleta
button o botão
buy comprar
by por; **by car** de carro

cabbage a couve
cabin (*ship*) o camarote
cable car o teleférico
café o café
cagoule o impermeável de nylon
cake o bolo
cake shop a pastelaria
calculator a calculadora
calendar o calendário
call chamar
calm down acalmar-se
Calor gas (*R*) o gas Cidla
camera a máquina fotográfica; (*movie*) a câmara
campbed a cama de campanha
camping o campismo
campsite o parque de campismo
can a lata
can: I/she can eu posso/ela pode; **can you . . . ?** pode você . . . ?
Canada o Canadá
Canadian canadiano
canal o canal
cancel cancelar
candle a vela
canoe a canoa
cap (*hat*) o boné
captain o comandante
car o carro
caravan a roulote
caravan site o parque para roulotes
carburettor o carburador

card o cartão; *(business)* o cartão de visitas
cardboard o papelão
cardigan o casaco de malha
car driver o/a motorista
care: take care of tomar conta de
careful cuidadoso; **be careful!** cuidado!
car park o parque de estacionamento
carpet o tapete
car rental o aluguer de automóveis
carriage a carruagem
carrot a cenoura
carry levar
carry-cot o porta-bebé
cash: pay cash pagar em dinheiro
cash desk a caixa
cash dispenser o autobanco
cassette a cassette
cassette player o gravador de cassettes
castle o castelo
cat o gato
catch pegar; *(train, bus)* apanhar
cathedral a catedral
Catholic católico
cauliflower a couve-flor
cause a causa
cave a caverna
ceiling o tecto
cemetery o cemitério
centigrade centígrado
central heating o aquecimento central
centre o centro
century o século
certificate a certidão
chain a cadeia

chair a cadeira
chambermaid a criada de quarto
chance: by chance por acaso
change *(small)* o troco
change *(verb)* trocar; *(clothes)* mudar de roupa; **change trains** fazer mudança
changeable inconstante
Channel o canal da Mancha
charter flight o voo fretado
cheap barato
check verificar
check-in o check-in
cheers! saúde!
cheese o queijo
chemist's a farmácia
cheque o cheque
cheque book o livro de cheques
cheque card o cartão de garantia
cherry a cereja
chest o peito
chestnut a castanha
chewing gum a pastilha elástica
chicken o frango
child a criança
children's portion a dose para crianças
chin o queixo
chips as batatas fritas
chocolate o chocolate; **milk chocolate** o chocolate com leite; **plain chocolate** o chocolate puro; **hot chocolate** o chocolate quente
choke *(on car)* o afogador
choose escolher
chop *(meat)* a costeleta
Christian name o nome

próprio
Christmas o Natal
church a igreja
cider a cidra
cigar o charuto
cigarette o cigarro
cinema o cinema
city a cidade
city centre o centro da cidade
class classe; **first class** primeira classe; **second class** segunda classe
classical music a música clássica
clean (*adjective*) limpo
clean (*verb*) limpar
cleansing cream o creme de limpeza
clear claro
clever inteligente
cliff o rochedo
climate o clima
cloakroom (*coats*) o vestiário
clock o relógio
close (*verb*) fechar
closed fechado
clothes a roupa
clothes peg a mola de roupa
cloud a nuvem
club o clube
clutch a embraiagem
coach o autocarro
coast a costa
coat o sobretudo
coathanger o cabide
cockroach a barata
cocktail o cocktail
cocoa o cacau
coffee o café; **white coffee** o café com leite
cold frio
cold (*illness*) a constipação; **I've got a cold** estou

constipado
cold cream o creme de limpeza
collar o colarinho
collection a colecção
colour a cor
colour film o filme colorido
comb o pente
come vir; **come back** voltar; **come in!** entre!
comfortable confortável
compact disc o disco compacto
company a companhia
compartment o compartimento
compass a bússola
complain reclamar
complicated complicado
compliment o cumprimento
computer o computador
concert o concerto
conditioner o creme amaciador
condom o preservativo
conductor (*bus*) o condutor; (*orchestra*) o maestro
confirm confirmar
congratulations! parabéns!
connection a ligação
constipated com prisão de ventre
consulate o consulado
contact (*verb*) contactar
contact lenses as lentes de contacto
contraceptive o contraceptivo
cook o cozinheiro
cook (*verb*) cozinhar
cooker o fogão
cooking utensils os utensílios de cozinha
cool fresco

corkscrew o saca-rolhas
corner o canto
correct exacto
corridor o corredor
cosmetics os cosméticos
cost custar
cot a cama de bebé
cotton o algodão
cotton wool o algodão em
   rama
couchette o beliche
cough a tosse
cough (*verb*) tossir
country o país
countryside o campo
course: of course claro
cousin o primo, a prima
cow a vaca
crab o caranguejo
cramp a cãibra
crankshaft a manivela do
   motor
crash a colisão
crayfish a lagosta; (*small*) o
   lagostim
cream (*to eat*) as natas; (*skin*)
   o creme
credit card o cartão de crédito
crew a tripulação
crisps as batatas fritas
crockery a loiça
cross a cruz
cross (*verb*) atravessar
crowd a multidão
crowded apinhado
cruise o cruzeiro
crutches as muletas
cry chorar
cucumber o pepino
cup a chávena
cupboard o armário
curry o caril
curtain a cortina

custom o hábito
customs a Alfândega
cut cortar
cutlery os talheres
cycling o ciclismo
cyclist o ciclista
cylinder head gasket a junta
   da culatra

D

dad o papá
damage (*verb*) estragar
damp húmido
dance (*verb*) dançar
danger o perigo
dangerous perigoso
dare ousar
dark escuro
dashboard o painel
date (*time*) a data
daughter a filha
daughter-in-law a nora
day o dia
dead morto
deaf surdo
dear caro
death a morte
decaffeinated sem cafeína
December Dezembro
decide decidir
deck o convés
deck chair a cadeira de lona
deep fundo
delay a demora
deliberately de propósito
delicious delicioso
demand exigir
dentist o dentista
dentures a dentadura postiça
deodorant o desodorizante

department store o grande armazém
departure a partida
depend: it depends depende
depressed deprimido
dessert a sobremesa
develop desenvolver
device o aparelho
diabetic diabético
dialect o dialecto
dialling code o indicativo
diamond o diamante
diarrhoea a diarreia
diary a agenda
dictionary o dicionário
die morrer
diesel (*fuel*) o gasóleo
diet a dieta
different diferente
difficult difícil
dining car o vagão-restaurante
dining room a sala de jantar
dinner o jantar; **have dinner** jantar
direct directo
direction a direcção; (*one-way etc*) o sentido
directory enquiries as informações
dirty sujo
disabled deficiente
disappear desaparecer
disappointed desapontado
disaster a tragédia
disco a discoteca
disease a doença
disgusting nojento
disinfectant o desinfectante
distance a distância
distributor o distribuidor
district (*in town*) o bairro
disturb perturbar

dive mergulhar
divorced divorciado
do fazer; **that'll do nicely** assim está bem
doctor o médico, a médica
document o documento
dog o cão
doll a boneca
donkey o burro
door a porta
double duplo
double room o quarto duplo
down: I feel a bit down estou um pouco por baixo; **down there** lá em baixo
downstairs em baixo
draught a corrente de ar
dream o sonho
dress o vestido
dress (*someone*) vestir; (*oneself*) vestir-se
dressing gown o roupão
drink a bebida
drink (*verb*) beber
drinking water a água potável
drive conduzir
driver o condutor
driving licence a carta de condução
drop a gota
drop (*verb*) deixar cair
drug (*medical*) o medicamento; (*narcotic*) a droga
drunk bêbado
dry seco
dry (*verb*) secar
dry-cleaner's a tinturaria
duck o pato
durex (*R*) o durex
during durante
dustbin o caixote de lixo

duty-free duty-free
duty-free shop a free-shop

E

each cada
ear a orelha
early cedo; (*too early*) muito cedo
earrings os brincos
earth a terra
east o este; **east of** a este de
Easter a Páscoa
easy fácil
eat comer
egg o ovo; **hard-boiled egg** o ovo cozido
egg cup o oveiro
either...or... ou...ou...
elastic elástico
Elastoplast (*R*) o penso
elbow o cotovelo
electric eléctrico
electricity a electricidade
else: something else outra coisa
elsewhere noutro lugar
embarrassing embaraçoso
embassy a embaixada
emergency a emergência
emergency exit a saída de emergência
empty vazio
end o fim
engaged (*toilet, phone*) ocupado; (*to be married*) noivo
engine o motor; (*train*) a locomotiva
England a Inglaterra

English inglês; **the English** os ingleses
English girl/woman a inglesa
Englishman o inglês
enlargement a ampliação
enough suficiente, bastante; **that's enough** chega
enter entrar
entrance a entrada
envelope o envelope
epileptic epiléptico
especially especialmente
Eurocheque o Eurocheque
Europe a Europa
European europeu, europeia
even: even men até mesmo os homens; **even if** até mesmo se; **even more beautiful** ainda mais bonito
evening a noite; **good evening** boa noite
every cada; **every time** todas as vezes; **every day** todos os dias
everyone toda a gente
everything tudo
everywhere em toda a parte
exaggerate exagerar
example o exemplo; **for example** por exemplo
excellent excelente
except excepto
excess baggage o excesso de bagagem
exchange trocar
exchange rate a cotação cambial
exciting emocionante
excuse me desculpe
exhaust o tubo de escape
exhibition a exposição
exit a saída
expensive caro

explain explicar
extension lead a extensão
eye o olho
eyebrow a sobrancelha
eyeliner o lápis para os olhos
eye shadow a sombra para os olhos

F

face a cara
factory a fábrica
faint desmaiar
fair (*funfair*) a feira
fair (*adjective*) justo; (*colour*) louro
fall cair
false falso
family a família
famous famoso
fan a ventoinha
fan belt a correia da ventoinha
far (*away*) longe
farm a quinta
farmer o lavrador
fashion a moda
fashionable na moda
fast rápido
fat (*adjective*) gordo
fat a gordura
father o pai
father-in-law o sogro
fault: it's my/his fault é culpa minha/dele
faulty estragado, defeituoso
favourite favorito
fear o medo
February Fevereiro
fed up: I'm fed up (with) estou farto (de)

feel sentir; **I feel well/ unwell** sinto-me bem/mal; **I feel like** apetece-me
feeling o sentimento
felt-tip pen a caneta de feltro
feminist feminista
fence a cerca
ferry o ferry-boat; (*small*) o barco
fever a febre
few: few tourists poucos turistas; **few** poucos; **a few ...** alguns ...
fiancé(e) o noivo, a noiva
field o campo
fight a briga
fight (*verb*) brigar
fill encher; **fill in** (*form*) preencher
fillet o filete
filling (*tooth*) o chumbo
film o filme
filter o filtro
find encontrar
fine a multa
fine (*weather*) bom
finger o dedo
fingernail a unha
finish terminar
fire o lume; (*blaze*) o incêndio
fire brigade os bombeiros
fire extinguisher o extintor
fireworks os fogos de artifício
first primeiro; (*firstly*) primeiro
first aid os primeiros socorros
first class primeira classe
first floor o primeiro andar
first name o nome próprio
fish o peixe

fishbone a espinha
fishing a pesca
fishmonger's a peixaria
fit (*healthy*) em forma
fizzy gasoso
flag a bandeira
flash o flash
flat o apartamento
flat (*adjective*) plano; (*tyre*) furado
flavour o sabor
flea a pulga
flight o voo
flirt flertar
floor (*of room*) o chão; (*storey*) o andar
florist o/a florista
flour a farinha
flower a flor
flu a gripe
fly a mosca
fly (*verb*) voar
fog o nevoeiro
folk music a música folclórica
follow seguir
food a comida
food poisoning a intoxicação alimentar
foot o pé; **on foot** a pé
football o futebol
for para
forbidden proibido
forehead a testa
foreign estrangeiro
foreigner o estrangeiro, a estrangeira
forest a floresta
forget esquecer
fork o garfo; (*in road*) a bifurcação
form o impresso
fortnight a quinzena
fortunately felizmente

forward (*mail*) enviar posteriormente
foundation cream o creme de base
fountain a fonte
fracture a fractura
France a França
free livre; (*of charge*) gratuito
freezer o congelador
French francês
fresh fresco
Friday sexta-feira
fridge o frigorífico
friend o amigo, a amiga
from: from Lisbon to Coimbra de Lisboa a Coimbra
front (*part*) a frente; **in front of** em frente de
frost a geada
frozen (*food*) congelado
fruit a fruta
fry fritar
frying pan a frigideira
full cheio
full board a pensão completa
fun: have fun divirta-se
funeral o funeral
funnel (*for pouring*) o funil
funny (*amusing*) engraçado; (*strange*) estranho
furious furioso
furniture a mobília
further mais longe
fuse o fusível
future o futuro

game (*to play*) o jogo; (*meat*) a caça

garage (*repairs*) a oficina;
(*petrol*) a bomba de
gasolina; (*parking*) a
garagem
garden o jardim
garlic o alho
gas o gás
gas permeable lenses as
lentes semi-rígidas
gate o portão; (*at airport*) a
porta (de embarque)
gauge o indicador
gay homossexual
gear a mudança
gearbox a caixa de mudanças
gear lever a alavanca das
mudanças
gentleman o senhor
gents (*toilet*) homens
genuine genuíno
German alemão
Germany a Alemanha
get (*fetch*) ir buscar; **can you
tell me how to get to ...?**
pode dizer-me como vou a
...?; **get back** (*return*)
voltar; **get in** (*car*) entrar;
get off sair; **get up**
levantar-se; **get out!** saia!
gin o gin
gin and tonic o gin-tónico
girl a rapariga
girlfriend a namorada
give dar; **give back**
devolver
glad contente
glass o copo; (*material*) o
vidro
glasses os óculos
gloves as luvas
glue a cola
go ir; **go in** entrar; **go out**
sair; **go down** descer; **go
up** subir; **go through**
atravessar; **go away** ir
embora; **go away!** vá-se
embora!
goat a cabra
God Deus
gold o ouro
golf o golfe
golf clubs os tacos de golfe
good bom, boa; **good!**
óptimo!
goodbye adeus
goose o ganso
got: have you got ...? tem ...?
government o governo
grammar a gramática
grandfather o avô
grandmother a avó
grapefruit a toranja
grapes as uvas
grass a relva
grateful agradecido
greasy gorduroso
Greece a Grécia
Greek grego
green verde
greengrocer's o lugar de
vegetais
grey cinzento
grilled grelhado
grocer's a mercearia
ground floor o rés-do-chão
group o grupo
guarantee a garantia
guest o convidado
guesthouse a hospedaria
guide o/a guia
guidebook o guia
guitar (*Portuguese type*) a
guitarra; (*Spanish type*) a
viola
gun (*pistol*) a pistola; (*rifle*) a
espingarda

H

habit o hábito
hail (*ice*) o granizo
hair os cabelos
haircut o corte de cabelo
hairdresser o cabeleireiro
hair dryer o secador de cabelo
hair spray a laca
half a metade; **half a litre/day** meio litro/dia; **half an hour** meia hora
half board meia pensão
ham o fiambre; (*cured*) o presunto
hamburger o hamburger
hammer o martelo
hand a mão
handbag a mala de mão
handbrake o travão de mão
handkerchief o lenço
handle a maçaneta
hand luggage a bagagem de mão
handsome bonito
hanger o cabide
hangover a ressaca
happen acontecer
happy feliz; **happy Christmas!** Feliz Natal!; **happy New Year!** Feliz Ano Novo!
harbour o porto
hard duro
hard lenses as lentes rígidas
hat o chapéu
hate detestar
have ter; **I have to ...** tenho que ... (*see grammar*)
hay fever a febre dos fenos

he ele
head a cabeça
headache a dor de cabeça
headlights os faróis máximos
healthy saudável
hear ouvir
hearing aid o aparelho auditivo
heart o coração
heart attack o ataque cardíaco
heat o calor
heater o aquecedor
heating o aquecimento
heavy pesado
heel o calcanhar
helicopter o helicóptero
hello olá
help a ajuda; **help!** socorro!
help (*verb*) ajudar
her (*adjective*) o seu, a sua, dela; (*object*) a, ela (*see grammar*)
herbs as ervas
here aqui; **here is/are** aqui está/estão
hers o seu, a sua; **it's hers** é dela (*see grammar*)
hiccups os soluços
hide esconder
high alto
highway code o código da estrada
hill o monte, a colina
him o, ele, lhe (*see grammar*)
hip a anca
hire: **for hire** para alugar
his o seu, a sua; **it's his** é dele (*see grammar*)
history a história
hit bater
hitchhike andar à boleia
hobby o passatempo
hold segurar

hole o buraco
holiday as férias; *(public)* o
  feriado; **summer holidays**
  as férias grandes
Holland a Holanda
home: at home em casa; **go
  home** ir para casa
homemade caseiro
homesick: I'm homesick
  tenho saudades de casa
honest honesto
honey o mel
honeymoon a lua de mel
hoover *(R)* o aspirador
hope esperar
horn a buzina
horrible horrível
horse o cavalo
horse riding andar a cavalo
hospital o hospital
hospitality a hospitalidade
hot quente; *(to taste)* picante
hotel o hotel
hot-water bottle o saco de
  água quente
hour a hora
house a casa
house wine o vinho da casa
how? como?; **how are you?**
  como está?; **how are
  things?** como vai?; **how
  many?** quantos?; **how
  much?** quanto?
humour o humor
hungry: I'm hungry tenho
  fome
hurry *(verb)* apressar-se;
  hurry up! despache-se!
hurt doer
husband o marido

I eu
ice o gelo
ice cream o gelado
ice lolly o gelado
idea a ideia
idiot o idiota
if se
ignition a ignição
ill doente
immediately imediatamente
important importante
impossible impossível
improve melhorar
in em; **in London** em
  Londres; **in the Algarve** no
  Algarve; **in Portugal** em
  Portugal; **in English** em
  inglês; **is he in?** ele está?
included incluído
incredible incrível
independent independente
indicator *(car)* o indicador
indigestion a indigestão
industry a indústria
infection a infecção
information a informação
information desk o balcão de
  informações
injection a injecção
injured ferido
inner tube a câmara de ar
innocent inocente
insect o insecto
insect repellent o repele-
  insectos
inside dentro (de)
insomnia a insónia
instant coffee o café
  instantâneo

69

instructor o instructor
insurance o seguro
intelligent inteligente
interesting interessante
introduce apresentar
invitation o convite
invite convidar
Ireland a Irlanda
Irish irlandês
iron (*metal*) o ferro; (*for clothes*) o ferro de engomar
iron (*verb*) passar a ferro
ironmonger's a loja de ferragens
island a ilha
it (*as object*) o, a; **it is** ... é ...
Italian italiano
Italy a Itália
itch a comichão
IUD o DIU

jack (*car*) o macaco
jacket o casaco
jam a compota
January Janeiro
jaw a maxila
jazz o jazz
jealous ciumento
jeans os jeans
jellyfish a alforreca
jeweller's o joalheiro
jewellery a joalharia
Jewish judaico
job o emprego
jogging o jogging; **go jogging** correr
joint (*to smoke*) a passa
joke a brincadeira

journey a viagem
jug o jarro
juice o sumo
July Julho
jump pular
jumper a camisola
junction o cruzamento
June Junho
just: just two só dois/duas

keep guardar
kettle a chaleira
key a chave
kidneys os rins
kill matar
kilo o quilo
kilometre o quilómetro
kind amável
king o rei
kiss o beijo
kiss (*verb*) beijar
kitchen a cozinha
knee o joelho
knife a faca
knit tricotar
knock over (*person*) atropelar
know saber; (*person*) conhecer; **I don't know** não sei

label a etiqueta
ladder a escada
ladies (*toilet*) senhoras
lady a senhora

lager a cerveja
lake o lago
lamb o cordeiro
lamp o candeeiro
land (*verb*) aterrar
landscape a paisagem
language a língua
language school a escola de línguas
large grande
last último; **last year** no ano passado; **at last** finalmente
late tarde; **arrive late** chegar tarde; **be late** estar atrasado
laugh rir
launderette a lavandaria automática
laundry (*to wash*) a roupa para lavar; (*place*) a lavandaria
law a lei
lawn o relvado
lawyer o advogado, a advogada
laxative o laxativo
lazy preguiçoso
leaf a folha
leaflet a brochura
leak a fuga
learn aprender
least: at least pelo menos
leather o cabedal
leave deixar; (*go away*) sair; (*forget*) esquecer
left esquerdo; **on the left (of)** à esquerda (de)
left-handed canhoto
left luggage o depósito de bagagens
leg a perna
lemon o limão
lemon juice a limonada

lemon tea o chá de limão
lend emprestar
length o comprimento
lens a objetiva
less menos
lesson a lição
let (*allow*) permitir
letter a carta
letterbox o marco do correio
lettuce a alface
level crossing a passagem de nível
library a biblioteca
licence a licença
lid a tampa
lie (*say untruth*) mentir
lie down deitar-se
life a vida
lift (*elevator*) o elevador; **give a lift to** dar boleia a
light (*in room, on car*) a luz; **have you got a light?** tem lume?
light (*adjective*) leve; **light blue** azul claro
light (*verb*) acender
light bulb a lâmpada
lighter o isqueiro
lighthouse o farol
light meter o fotómetro
like gostar; **I would like** queria
like (*as*) como
lip o lábio
lipstick o baton
liqueur o licor
Lisbon Lisboa
list a lista
listen (to) escutar
litre o litro
litter o lixo
little pequeno; **a little bit (of)** um pouco (de)

live viver; (*in town etc*) morar

liver o fígado

living room a sala de estar

lobster a lagosta

lock a fechadura

lock (*verb*) trancar

lollipop o chupa-chupa

London Londres

long comprido; **a long time** muito tempo

look (at) olhar (para); (*seem*) parecer; **look like** parecer-se com; **look for** procurar; **look out!** cuidado!

lorry o camião

lose perder

lost property office a secção de perdidos e achados

lot: a lot (of) muito

loud alto

lounge a sala

love o amor; **make love** fazer amor

love (*verb*) amar

lovely encantador

low baixo

luck a sorte; **good luck!** boa sorte!

luggage a bagagem

lukewarm tépido

lunch o almoço

lungs os pulmões

macho machão

mad doido

magazine a revista

maid a criada

maiden name o nome de solteira

mail o correio

main principal

make fazer

make-up a maquilhagem

male chauvinist pig o chauvinista

man o homem

manager o gerente

many muitos

map o mapa

March Março

margarine a margarina

market o mercado

marmalade a compota de laranja

married casado

mascara o rímel

mass a missa

match (*light*) o fósforo; (*sport*) o jogo

material o tecido

matter: it doesn't matter não faz mal

mattress o colchão

May Maio

maybe talvez

mayonnaise a maionese

me me, mim; **me too** eu também (*see grammar*)

meal a refeição; **enjoy your meal!** bom apetite!

mean significar

measles o sarampo; **German measles** a rubéola

meat a carne

mechanic o mecânico

medicine (*drug*) o remédio

Mediterranean o Mediterrâneo

medium (*steak*) ao ponto

medium-sized de tamanho médio

meet encontrar
meeting a reunião
melon o melão
mend consertar
menu a ementa; **set menu** a ementa fixa
mess a porcaria
message o recado
metal o metal
metre o metro
midday o meio-dia
middle o meio
Middle Ages a Idade Média
midnight a meia-noite
milk o leite
minced meat a carne picada
mind: do you mind if I ...? posso ...?
mine o meu, a minha (*see grammar*)
mineral water a água mineral
minute o minuto
mirror o espelho
Miss a menina; **Miss!** se faz favor!
miss (*train etc*) perder; **I miss you** tenho saudades tuas
mistake o erro
misty enevoado
misunderstanding o mal-entendido
mix misturar
modern moderno
moisturizer o creme hidratante
Monday segunda-feira
money o dinheiro
month o mês
monument o monumento
mood o humor
moon a lua
moped a motorizada
more mais; **no more** mais

nada
morning a manhã; **good morning** bom dia
mosquito o mosquito
most (of) a maior parte (de)
mother a mãe
mother-in-law a sogra
motorbike a mota
motorboat o barco a motor
motorist o/a motorista
motorway a autoestrada
mountain a montanha
mouse o rato
moustache o bigode
mouth a boca
move (*change position*) mexer
Mr Senhor, Sr
Mrs Senhora, Sra
Ms no equivalent
much muito; **not much time** não muito tempo
mum a mamã
muscle o músculo
museum o museu
mushrooms os cogumelos
music a música
musical instrument o instrumento musical
mussels os mexilhões
must: I must/she must eu tenho de/ela tem de ...; **you must not ...** você não deve ...
mustard a mostarda
my o meu, a minha (*see grammar*)

nail (*in wall*) o prego; (*finger*) a unha

nail clippers o alicate de unhas
nailfile a lima de unhas
nail polish o verniz de unhas
nail polish remover a acetona
naked nu
name o nome; **what's your name?** como se chama?; **my name is Jim** o meu nome é Jim
napkin o guardanapo
nappy a fralda
nappy-liners os protectores de fraldas
narrow estreito
nationality a nacionalidade
natural natural
nature a natureza
near perto; **near here** perto daqui; **the nearest ...** o ... mais próximo
nearly quase
necessary necessário
neck o pescoço
necklace o colar
need: I need ... preciso de ...
needle a agulha
negative (*film*) o negativo
neighbour o vizinho
neither ... nor ... nem ... nem ...
nephew o sobrinho
nervous nervoso
neurotic neurótico
never nunca
new novo
news as notícias
newsagent o quiosque
newspaper o jornal
New Year Ano Novo
New Year's Eve a véspera do dia de Ano Novo
next próximo; **next year** no ano que vem
next to perto de
nice (*person*) agradável; (*place*) bonito; (*food*) gostoso
nickname a alcunha
niece a sobrinha
night a noite; **good night** boa noite
nightclub a boite
nightdress a camisa de dormir
nightmare o pesadelo
no não; **no ... nenhum ...**
nobody ninguém
noise o barulho
noisy barulhento
non-smoking para não fumadores
normal normal
north o norte; **north of** ao norte de
Northern Ireland a Irlanda do Norte
nose o nariz
not não; **I'm not tired** não estou cansado
note (*money*) a nota
notebook o bloco de apontamentos
nothing nada
novel o romance
November Novembro
now agora
nowhere em parte nenhuma
number o número
number plate a chapa da matrícula
nurse o enfermeiro, a enfermeira
nut a noz; (*for bolt*) a porca

ENGLISH-PORTUGUESE

obnoxious detestável
obvious óbvio
October Outubro
octopus o polvo
of de (*see grammar*)
off (*lights*) desligadas
offend ofender
offer (*verb*) oferecer
office o escritório
often freqüentemente
oil o óleo
ointment a pomada
OK ok; **I'm OK** estou bem
old velho; **how old are you?** que idade tem?; **I'm 25 years old** tenho 25 anos
old-age pensioner o reformado de terceira idade
olive a azeitona
olive oil o azeite
omelette a omeleta
on sobre; (*lights*) ligadas
once uma vez
one um, uma
onion a cebola
only só, somente
open aberto
open (*verb*) abrir
opera a ópera
operation a operação
opposite contrário; **opposite the church** em frente à igreja
optician o/a oculista
optimistic optimista
or ou
orange a laranja
orange (*colour*) cor de laranja
orchestra a orquesta

order pedir
organize organizar
other outro
otherwise doutro modo
our(s) o nosso, a nossa (*see grammar*)
out: she's out ela saiu
outside lá fora
oven o forno
over (*above*) acima; (*finished*) terminado; **over there** ali
overdone esturrado
overtake ultrapassar
owner o dono
oyster a ostra

pack (*verb*) fazer as malas
package o embrulho
package tour a excursão organizada
packed lunch o almoço embalado
packet (*of cigarettes etc*) o maço
page a página
pain a dor
painful doloroso
painkiller o analgésico
paint (*verb*) pintar
paint brush o pincel
painting a pintura
pair o par
palace o palácio
pancake a panqueca
panic o pânico
panties as cuecas
paper o papel
parcel o embrulho

pardon? como?
parents os pais
park o jardim público
park (*verb*) estacionar
part a parte
party (*celebration*) a festa;
(*group*) o grupo
pass (*mountain*) o desfiladeiro
passenger o passageiro
passport o passaporte
pasta a massa
pâté o paté
path o caminho
pavement o passeio
pay pagar
peach o pêssego
peanuts os amendoins
pear a pera
peas as ervilhas
pedal o pedal
pedestrian o peão
pedestrian crossing a
passadeira para peões
pedestrian precinct a zona
para peões
pen a caneta
pencil o lápis
pencil sharpener o apara-
lápis
penicillin a penicilina
penis o pénis
penknife o canivete
people a gente
pepper (*spice*) a pimenta
pepper (*vegetable*) o pimento
per: per week por semana;
per cent por cento
perfect perfeito
perfume o perfume
period (*time, woman's*) o
período
perm a permanente
person a pessoa

petrol a gasolina
petrol station a bomba de
gasolina
phone (*verb*) telefonar
phone book a lista telefónica
phone box a cabine telefónica
phone number o número de
telefone
photograph a fotografia
photograph (*verb*) fotografar
photographer o fotógrafo
phrase book o livro de
expressões
pickpocket o carteirista
picnic o piquenique
pie (*fruit*) a torta
piece o pedaço
pig o porco
piles as hemorróidas
pill a pílula
pillow a almofada
pilot o piloto
pin o alfinete
pineapple o ananás
pink cor de rosa
pipe o cano; (*to smoke*) o
cachimbo
pity: it's a pity é uma pena
pizza a pizza
plane o avião
plant a planta
plastic o plástico
plastic bag o saco de plástico
plate o prato
platform (*station*) o cais
play (*theatre*) a peça de teatro
play (*verb*) jogar
pleasant agradável
please se faz favor
pleased contente; **pleased to
meet you!** muito prazer em
conhecê-lo/la
pliers o alicate

plug (*electrical*) a tomada; (*in sink*) a tampa do ralo
plum a ameixa
plumber o canalizador
p.m.: 3 p.m. três da tarde; **11 p.m.** onze da noite
pneumonia a pneumonia
pocket o bolso
poison o veneno
police a polícia
policeman o polícia
police station o Posto da Polícia
polite bem-educado
political político
politics política
polluted contaminado
pond o lago
pony o pónei
poor pobre
pop music a música pop
pork a carne de porco
port (*drink*) o vinho do Porto
porter (*hotel*) o porteiro
Portugal Portugal
Portuguese português; (*man*) o português; (*woman*) a portuguesa; **the Portuguese** os portugueses
possible possível
post (*verb*) pôr no correio
post o correio
postcard o postal
poster (*for room*) o poster; (*in street*) o cartaz
poste restante a posta restante
postman o carteiro
post office o correio
potato a batata
poultry as aves
pound a libra
power cut o corte de energia

practical prático
pram o carrinho de bebé
prawn a gamba
prefer preferir
pregnant grávida
prepare preparar
prescription a receita
present (*gift*) o presente
pretty bonito; **pretty good** muito bom
price o preço
priest o padre
prince o príncipe
princess a princesa
printed matter os impressos
prison a cadeia
private privado
probably provavelmente
problem o problema
programme o programa
prohibited proibido
promise (*verb*) prometer
pronounce pronunciar
protect proteger
Protestant protestante; **Protestant church** a igreja protestante
proud orgulhoso
public público
pull puxar
pump a bomba de ar
puncture o furo
punk punk
purple roxo
purse o porta-moedas
push empurrar
pushchair o carrinho de bebé
put pôr
pyjamas o pijama

quality a qualidade
quarter a quarta parte
quay o cais
queen a rainha
question a pergunta
queue a bicha
queue (*verb*) fazer bicha
quick rápido
quickly depressa
quiet silencioso; **quiet!** cale-se!
quilt o edredão
quite bastante; (*very*) muito

R

rabbit o coelho
radiator o radiador
radio o rádio
railway o caminho de ferro
rain a chuva
rain (*verb*) chover; **it's raining** está a chover
rainbow o arco-íris
raincoat o impermeável
rape a violação
rare raro; (*steak*) mal passado
raspberry a framboesa
rat a ratazana
rather: I'd rather ... prefiro ...
raw cru
razor a máquina de barbear; (*electric*) a máquina de barbear eléctrica
razor blade a lâmina para barbear

read ler
ready pronto
really realmente
rear lights as luzes de trás
rearview mirror o espelho retrovisor
receipt o recibo
receive receber
reception (*hotel*) a recepção
receptionist o/a recepcionista
recipe a receita
recognize reconhecer
recommend recomendar
record o disco
record player o gira-discos
record shop a discoteca
red vermelho; **red wine** o vinho tinto
red-headed ruivo
refund (*verb*) reembolsar
relax descansar
religion a religião
remember lembrar-se (de); **I remember** lembro-me
rent o aluguer
rent (*verb*) alugar
repair reparar
repeat repetir
reservation a reserva
reserve reservar
responsible responsável
rest (*remaining*) o resto
rest (*sleep*) o repouso; **take a rest** repousar
restaurant o restaurante
return ticket o bilhete de ida e volta
reverse (*gear*) a marcha atrás
rheumatism o reumatismo
rib a costela
rice o arroz
rich rico; (*food*) forte

ENGLISH-PORTUGUESE

ridiculous ridículo
right (*side*) direito; **on the right (of)** à direita (de)
right (*correct*) certo
right of way a prioridade
ring (*on finger*) o anel
ring (*to phone*) telefonar
ripe maduro
river o rio
road a estrada; (*in town*) a rua
roadsign o sinal
roadworks as obras na estrada
roast assar
rock a rocha
rock music a música rock
roll a carcaça
roof o telhado
roof rack o porta-bagagens na capota
room o quarto
rope a corda
rose a rosa
rotten podre; (*no good*) péssimo
round (*circular*) redondo
roundabout a rotunda
route o trajecto
rowing boat o barco a remos
rubber a borracha
rubber (*eraser*) a borracha
rubber band a fita elástica
rubbish o lixo; **rubbish!** que disparate!
rucksack a mochila
rude grosseiro
rug o tapete
ruins as ruínas
rum o rum
run correr

sad triste
safe seguro
safety pin o alfinete de segurança
sail a vela
sail (*verb*) fazer vela
sailboard a prancha à vela
sailing boat o barco à vela
salad a salada
salad dressing o tempero da salada
sale a venda; (*reduced price*) os saldos; **for sale** à venda
salmon o salmão
salt o sal
salty salgado
same mesmo
sand a areia
sandals as sandálias
sand dunes as dunas
sandwich a sandes
sanitary towels as toalhas higiénicas
sardine a sardinha
Saturday sábado
sauce o molho
saucepan a caçarola
saucer o pires
sauna a sauna
sausage a salsicha
savoury saboroso
say dizer
scarf (*neck*) o lenço de pescoço; (*head*) o lenço de cabeça
scenery a paisagem
school a escola
science a ciência
scissors a tesoura

ENGLISH-PORTUGUESE

Scotland a Escócia
Scottish escocês
scrambled eggs os ovos mexidos
scream gritar
screw o parafuso
screwdriver a chave de fendas
sea o mar
seafood os mariscos
seagull a gaivota
seasick: I feel seasick estou enjoado
seaside: at the seaside à beira do mar
season a época; in the high season na estação alta
seat o assento; (place) o lugar
seat belt o cinto de segurança
seaweed a alga
second (in time) o segundo
second-hand em segunda mão
secret secreto
see ver; see you tomorrow até amanhã
self-catering flat/cottage o aparthotel
self-service o self-service
sell vender
sellotape (R) a fita gomada
send mandar
sensible sensato
sensitive sensível
separate separado
separately separadamente
September Setembro
serious sério
serve servir
service o serviço
service charge a taxa de serviço

serviette o guardanapo
several vários
sew coser
sex o sexo
sexist machista
sexy sexy
shade a sombra; in the shade à sombra
shampoo o champô
share (verb) partilhar
shark o tubarão
shave fazer a barba
shaving brush a escova de barbear
shaving foam a espuma de barbear
she ela
sheep a ovelha
sheet o lençol
shell a concha
shellfish os mariscos
ship o barco
shirt a camisa
shock o choque
shock-absorber o amortecedor
shocking chocante
shoe laces os atacadores
shoe polish a graxa para sapatos
shoe repairer o sapateiro
shoes os sapatos
shop a loja
shopping as compras; go shopping ir às compras
shopping bag o saco de compras
shopping centre o centro comercial
shore a margem
short curto
shortcut o atalho
shorts os calções

shortsighted míope
shoulder o ombro
shout gritar
show (*verb*) mostrar
shower o duche
shower (*rain*) o aguaceiro
shutter (*photo*) o obturador
shutters (*window*) os postigos
shy (*timid*) tímido
sick: I feel sick sinto-me
  enjoado; I'm going to be
  sick vou vomitar
side o lado
sidelights as luzes de
  presença
sign (*verb*) assinar
silence o silêncio
silk a seda
silver a prata
silver foil a folha de prata
similar semelhante, parecido
simple simples
since (*time*) desde
sincere sincero
sing cantar
single (*unmarried*) solteiro
single room o quarto
  individual
single ticket o bilhete de ida
sink a lava-louça
sink (*go under*) afundar
sister a irmã
sister-in-law a cunhada
sit down sentar-se
size o tamanho
ski o esqui
skid patinar
skin a pele
skin cleanser o leite de
  limpeza
skin-diving o mergulho
skinny magricela
skirt a saia

skull o crânio
sky o céu
sleep dormir
sleeper a carruagem-cama
sleeping bag o saco de
  dormir
sleeping pill o comprimido
  para dormir
sleepy: I'm sleepy eu estou
  com sono
slice a fatia
slide (*photo*) o diapositivo
slim magro
slippers as pantufas
slippery escorregadio
slow lento
slowly devagar
small pequeno
smell o cheiro
smell (*verb*) cheirar
smile o sorriso
smile (*verb*) sorrir
smoke o fumo
smoke (*verb*) fumar
smoking (*compartment*) (para)
  fumadores
snack a merenda
snails os caracóis
snake a cobra
sneeze espirrar
snore roncar
snow a neve
so tão; so beautiful/big tão
  bonito/grande
soaking solution a solução
  para as lentes de contacto
soap o sabonete
society a sociedade
socket a tomada
socks as meias
soft mole
soft drink a bebida não
  alcoólica

soft lenses as lentes gelatinosas
sole (*of shoe*) a sola
some alguns/algumas; **some wine/flour** um pouco de vinho/farinha
somebody alguém
something alguma coisa
sometimes às vezes
somewhere nalguma parte
son o filho
song a canção
son-in-law o genro
soon em breve
sore: I've got a sore throat estou com dor de garganta
sorry desculpe; **I'm sorry** tenho muita pena
soup a sopa
sour azedo
south o sul; **south of** ao sul de
souvenir a lembrança
spade a pá
Spain a Espanha
Spaniard o espanhol, a espanhola
Spanish espanhol; **the Spanish** os espanhóis
spanner a chave inglesa
spare parts as peças sobresselentes
spare tyre o pneu sobresselente
spark plug a vela
speak falar; **do you speak ...?** fala ...?
speciality a especialidade
speed a velocidade
speed limit o limite de velocidade
speedometer o conta-quilómetros

spend gastar
spice a especiaria
spider a aranha
spinach os espinafres
spoke o raio
spoon a colher
sport o desporto
spot (*on skin*) a borbulha
sprain: I sprained my ankle torci o tornozelo
spring (*season*) a Primavera; (*in seat etc*) a mola
square (*in town*) a praça
stain a nódoa
stairs a escada
stamp o selo
stand estar de pé; **I can't stand cheese** não suporto queijo
star a estrela
starter (*food*) a entrada
state o estado
station a estação
stationer's a papelaria
stay a estadia
stay (*verb*) ficar; (*in hotel etc*) hospedar-se
steak o bife
steal roubar
steamer o barco a vapor
steep íngreme
steering a direcção
steering wheel o volante
stepfather o padrasto
stepmother a madrasta
steward o comissário de bordo
stewardess a hospedeira
still (*adverb*) ainda; **is he still here?** ainda está ele aqui?
sting picar
stockings as meias collants
stomach o estômago

stomach ache a dor de estômago
stone a pedra
stop a paragem
stop (*verb*) parar; **stop!** pare!
storm a tempestade
story a história
straight ahead sempre em frente
strange (*odd*) esquisito
strawberry o morango
stream o ribeiro
street a rua
string o cordel
stroke (*attack*) a trombose
strong forte
stuck emperrado
student o/a estudante
stupid estúpido
suburbs os arredores
success o êxito
suddenly subitamente
suede a camurça
sugar o açúcar
suit o fato
suit: blue suits you o azul fica-lhe bem
suitcase a mala
summer o Verão
sun o sol
sunbathe tomar banhos de sol
sunblock a loção écran total
sunburn a queimadura de sol
Sunday domingo
sunglasses os óculos de sol
sunny ensolarado
sunset o pôr do sol
sunshine a luz do sol
sunstroke a insolação
suntan o bronzeado
suntan lotion a loção de bronzear

suntan oil o óleo de bronzear
supermarket o supermercado
supplement o suplemento
sure certo; **I'm sure** tenho certeza
surname o apelido
surprise a surpresa
surprising surpreendente
swallow engolir
sweat suar
sweater a camisola
sweet (*candy*) o rebuçado
sweet (*to taste*) doce
swim nadar
swimming a natação; **go swimming** ir nadar
swimming pool a piscina
swimming trunks os calções de banho
Swiss suíço
switch o interruptor
switch off desligar
switch on ligar
Switzerland a Suíça
swollen inchado
synagogue a sinagoga

table a mesa
tablecloth a toalha de mesa
tablet o comprimido
table tennis o ténis de mesa
tail o rabo
take tomar; **take away** (*remove*) tirar; **to take away** (*food*) para levar; **take off** (*plane*) descolar
talcum powder o pó de talco
talk falar
tall alto

tampon o tampão
tan o bronzeado
tank o depósito
tap a torneira
tape (*cassette*) a fita
tart a torta
taste o sabor
taste (*try*) provar
taxi o táxi
tea o chá
teach ensinar
teacher o professor
team a equipa
teapot o bule
tea towel o pano de cozinha
teenager o adolescente
telegram o telegrama
telephone o telefone
telephone directory a lista telefónica
television a televisão
temperature a temperatura
tennis o ténis
tent a tenda
terrible terrível
terrific esplêndido
than: uglier than mais feio que
thank agradecer
thank you (*said by man*) obrigado; (*said by woman*) obrigada
that (*adjective*) esse, essa; aquele, aquela; **I think that** ... eu penso que ... (*see grammar*)
the o, a; os, as (*see grammar*)
theatre o teatro
theft o roubo
their(s) o seu, a sua; deles, delas (*see grammar*)
them os, as; lhes; eles, elas (*see grammar*)

then então
there ali, lá; **there is/are** há ...; **is/are there ...?** há ...?
thermometer o termómetro
thermos flask o termo
these (*adjective*) estes, estas; (*pronoun*) estes, estas (*see grammar*)
they eles, elas (*see grammar*)
thick espesso
thief o ladrão
thigh a coxa
thin fino; (*person*) magro
thing a coisa
think pensar
thirsty: I'm thirsty tenho sede
this (*adjective*) este, esta; (*pronoun*) isto; **this one** este, esta (*see grammar*)
those (*adjective*) esses, essas; aqueles, aquelas; (*pronoun*) esses, essas; aqueles, aquelas (*see grammar*)
thread o fio
throat a garganta
throat pastilles as pastilhas para a garganta
through por, através de
throw atirar; **throw away** deitar fora
thunder o trovão
thunderstorm a trovoada
Thursday quinta-feira
ticket o bilhete
ticket office a bilheteira
tide a maré
tie a gravata
tight apertado
tights os collants
time o tempo; (*occasion*) a vez; **on time** a tempo;

what time is it? que horas
são?
timetable o horário
tin opener o abre-latas
tip a gorjeta
tired cansado
tissues os lenços de papel
to: to Lisbon para Lisboa; **to
the station** à estação; **to the
cinema** ao cinema
toast a torrada
tobacco o tabaco
today hoje
toe o dedo do pé
together junto(s)
toilet a casa de banho
toilet paper o papel higiénico
tomato o tomate
tomorrow amanhã; **the day
after tomorrow** depois de
amanhã
tongue a língua
tonight esta noite
tonsillitis a amigdalite
too (*also*) também; **too big**
muito grande; **not too
much** não muito
tool a ferramenta
tooth o dente
toothache a dor de dentes
toothbrush a escova de
dentes
toothpaste a pasta de dentes
top: at the top no alto
torch a lanterna
touch tocar
tourist o turista
towel a toalha
tower a torre
town a cidade
town hall a câmara municipal
toy o brinquedo
tracksuit o fato de treino

tradition a tradição
traditional tradicional
traffic o trânsito
traffic jam o engarrafamento
traffic lights os semáforos
traffic warden o/a polícia de
trânsito
trailer (*behind car*) a caravana
train o comboio
trainers os sapatos de treino
translate traduzir
transmission a transmissão
travel viajar
travel agent's a agência de
viagens
traveller's cheque o travel-
cheque
tray a travessa
tree a árvore
tremendous bestial
trip a excursão
trolley o carro de mão
trousers as calças
true verdadeiro
try tentar; **try on** provar
T-shirt a T-shirt
Tuesday terça-feira
tuna fish o atum
tunnel o túnel
turkey o peru
turn (*verb*) virar
tweezers a pinça
twins os gémeos
typewriter a máquina de
escrever
tyre o pneu

ugly feio
umbrella o guarda-chuva

ENGLISH-PORTUGUESE

uncle o tio
under debaixo de
underdone mal passado
underground o metro
underneath embaixo;
  underneath . . . debaixo
  de . . .
underpants as cuecas
understand perceber
underwear a roupa interior
unemployed desempregado
unfortunately infelizmente
United States os Estados
  Unidos
university a universidade
unpack desfazer as malas
unpleasant desagradável
until até a
up: up there lá em cima
upstairs lá em cima
urgent urgente
us nos
use usar
useful útil
usual usual
usually geralmente

vaccination a vacinação
vacuum cleaner o aspirador
vagina a vagina
valid válido
valley o vale
valve a válvula
van o furgão
vanilla a baunilha
vase a jarra
VD a doença venérea
veal a vitela
vegetables os legumes

vegetarian vegetariano
vehicle o veículo
very muito; **very much**
  muito
vet veterinário
video o vídeo
video recorder o vídeo
view a vista
viewfinder o visor
villa a vivenda
village a aldeia
vinegar o vinagre
vineyard a vinha
visa o visto
visit a visita
visit (*verb*) visitar
vitamins as vitaminas
voice a voz

waist a cintura
wait esperar
waiter o empregado
waiting room a sala de
  espera
waitress a empregada
wake up acordar
Wales o País de Gales
walk o passeio; **go for a**
  walk ir dar um passeio
walk (*verb*) andar a pé
walkman (*R*) o walkman (*R*)
wall (*outside*) o muro;
  (*inside*) a parede
wallet a carteira
want querer; **I want** eu
  queria; **do you want . . .?**
  quer . . . ?
war a guerra
warm quente

wash lavar; (oneself) lavar-se
washbasin o lavatório
washing a roupa para lavar
washing machine a máquina de lavar
washing powder o detergente
washing-up a louça para lavar
washing-up liquid o detergente para lavar a louça
wasp a vespa
watch (for time) o relógio
watch (verb) observar
water a água
waterfall a catarata
waterski o esqui aquático
wave (in sea) a onda
way: this way (like this) assim; **can you tell me the way to the ...?** pode indicar-me o caminho para ...?
we nós
weak fraco
weather o tempo
weather forecast a previsão do tempo
wedding o casamento
Wednesday quarta-feira
week a semana
weekend o fim de semana
weight o peso
welcome! benvindo!
well: he's well/not well ele está bem/não está bem
well (adverb) bem
well done bem passado
wellingtons as botas de borracha
Welsh galês
west o oeste; **west of** a

oeste de
wet molhado
what? o quê?; **what ...?** o que ...?; **what's this?** o que é isso?
wheel a roda
wheelchair a cadeira de rodas
when quando
where onde
which qual
while enquanto
whipped cream as natas batidas
whisky o whisky
white branco
who? quem?; **the waiter who ...** o empregado que ...
whole inteiro
whooping cough a coqueluche
whose: whose is this? de quem é isto?
why? por quê?
wide largo
widow a viúva
widower o viúvo
wife a esposa
wild selvagem
win ganhar
wind o vento; (indigestion) os gases
window a janela
windscreen o pára-brisas
windscreen wiper o limpa pára-brisas
wine o vinho; **red/white/rosé wine** o vinho tinto/branco/rosé
wine list a lista dos vinhos
wing a asa; (car) o painel lateral
winter o Inverno

ENGLISH-PORTUGUESE

wire o arame; *(electric)* o fio
wish: **best wishes** com os melhores cumprimentos
with com; **with you** contigo
without sem
witness a testemunha
woman a mulher
wonderful maravilhoso
wood a madeira; *(trees)* o bosque
wool a lã
word a palavra
work o trabalho
work *(verb)* trabalhar; **it's not working** não funciona
world o mundo
worry *(noun)* a preocupacão
worry about preocupar-se com
worse pior
worst o pior
wound a ferida
wrap embrulhar
wrapping paper o papel de embrulho
wrench a chave inglesa
wrist o pulso
write escrever
writing paper o papel de carta
wrong errado

X-ray o raio X

yacht o iate
year o ano
yellow amarelo
yes sim; **oh yes I do!** ah sim
yesterday ontem; **the day before yesterday** anteontem
yet: **not yet** ainda não
yoghurt o iogurte
you você, o Senhor, a Senhora; lhe; *(familiar)* tu, te, ti *(see grammar)*
young jovem; **young people** os jovens
your(s) o seu, a sua; do senhor, da senhora; *(familiar)* o teu, a tua *(see grammar)*
youth hostel o albergue da juventude

zero zero
zip o fecho eclair *(R)*
zoo o jardim zoológico

88

A

a the; her; it

à: à estação to the station; a Portugal to Portugal

abaixo below

abelha f bee

aberto open

aborrecer bore, annoy

aborrecido bored, boring, annoyed

abre-garrafas m bottle-opener

abre-latas m tin opener

Abril April

abrir open

acabar finish

acalmar-se calm down

acaso: por acaso by chance

aceitar accept

acender light

acento m accent

acetona f nail polish remover

acidente m accident; crash

acima above

acompanhar accompany

aconselhar advise

acontecer happen

acordado awake

acordar wake up

acreditar (em) believe

açúcar m sugar

adaptador m adaptor

adeus goodbye

adeusinho cheerio

adiantado in advance

adolescente m teenager

adulto adult

advogado m, advogada f lawyer

aeroporto m airport

afogador m choke

afundar sink

agência f agency

agência de viagens f travel agent's

agenda f diary

agora now

Agosto August

agradável nice, pleasant

agradecer thank

agradecido grateful

água f water

aguaceiro m shower (of rain)

água de colónia f eau de toilette

água mineral f mineral water

água potável f drinking water

agulha f needle

ainda still; ainda não not yet; ainda mais bonito even more beautiful

ajuda f help

ajudar help

alavanca das mudanças f gear lever

albergue da juventude m youth hostel

álcool m alcohol

alcunha f nickname

aldeia f village

Alemanha f Germany

alemão m, alemã f German

alérgico a allergic to
alface f lettuce
Alfândega f customs
alfinete m pin, brooch
alfinete de segurança m safety pin
alforreca f jellyfish
alga f seaweed
algodão m cotton
algodão em rama m cotton wool
alguém somebody
algum, alguma some
alguma coisa something
alguns, algumas a few, some
alho m garlic
alho-porro m leek
ali (over) there
alicate m pliers
alicate de unhas m nail clippers
almoço m lunch
almoço embalado m packed lunch
almofada f pillow
alojamento m accommodation
alto high; tall; loud; **no alto** at the top
alugar rent; **para alugar** for hire
aluguer m rent
amanhã tomorrow
amar love
amarelo yellow
amargo bitter
amável kind
ambos both of them
ambulância f ambulance
ameixa f plum
amendoins mpl peanuts
americano American
amigdalite f tonsillitis

amigo/a m/f friend
amor m love; **fazer amor** make love
amora f blackberry
amortecedor m shock-absorber
ampliação f enlargement
analgésico m painkiller
ananás m pineapple
anca f hip
âncora f anchor
andar m floor
andar (a pé) walk
anel m ring
aniversário (natalício) m birthday; **feliz aniversário!** happy birthday!
aniversário (de casamento) m wedding anniversary
ano m year; **tenho 25 anos** I'm 25 years old
Ano Novo New Year; **Feliz Ano Novo!** happy New Year!
anteontem the day before yesterday
antepassado m ancestor
antes (de) before
anticongelante m antifreeze
antigo ancient, old
anti-séptico m antiseptic
ao to the; at the
ao ponto medium (meat)
aos to the; at the
apanhar catch
apara-lápis m pencil sharpener
aparelho m device
aparelho auditivo m hearing aid
apartamento m apartment
aparthotel m self-catering apartments

pelido *m* surname
pendicite *f* appendicitis
peritivo *m* aperitif
pertado tight
petecer: apetece-me I feel
  like
petite *m* appetite; **bom
  apetite!** enjoy your meal!
pinhado crowded
prender learn
presentar introduce
pressar-se hurry
quecimento *m* heating
quecimento central *m*
  central heating
quele, aquela that
queles, aquelas those
qui here; **aqui está/estão**
  here is/are
quilo that
r *m* air
rabe Arabic
rame *m* wire
ranha *f* spider
rco-íris *m* rainbow
r condicionado *m* air-
  conditioning
reia *f* sand
rmário *m* cupboard
rqueologia *f* archaeology
rredores *mpl* suburbs
rroz *m* rice
rte *f* art
rtesanato *m* crafts
rtista *m/f* artist
rvore *f* tree
s the; them
s to the; at the; **às três
  horas** at 3 o'clock; **às vezes**
  sometimes
sa *f* wing
sma *f* asthma
spirador *m* vacuum cleaner

aspirina *f* aspirin
assar bake; roast
assento *m* seat
assim this way
assinar sign
atacadores *mpl* shoe laces
atalho *m* shortcut
ataque *m* attack
ataque cardíaco *m* heart
  attack
até until; **até mesmo os
  homens** even men; **até
  amanhã** see you tomorrow
aterrar land
atirar throw
Atlântico *m* Atlantic
atraente attractive
atrás at the back; behind
atrasado: estar atrasado be
  late
através de through
atravessar cross
atropelar knock over
atum *m* tuna fish
australiano Australian
autobanco *m* cash dispenser
autocarro *m* bus
autoestrada *f* motorway
automático automatic
automóvel *m* car
avaria *f* breakdown
avariar-se break down
avelã *f* hazelnut
aves *fpl* poultry
avião *m* aeroplane; **de avião**
  by air
avô *m* grandfather
avó *f* grandmother
azedo sour
azeite *m* olive oil
azeitona *f* olive
azul blue

bagagem f luggage
bagagem de mão f hand luggage
bairro m district
baixo low; **estou um pouco por baixo** I feel a bit down
balcão de informações m information desk
balde m bucket
banco m bank
bandeira f flag
banheira f bathtub
banho m bath
banho de sol: tomar banho de sol sunbathe
barata f cockroach
barato cheap
barba f beard; **fazer a barba** shave
barbeiro m barber
barco m boat
barco a motor m motorboat
barco a remos m rowing boat
barco a vapor m steamer
barco à vela m sailing boat
barraca f beach hut
barulhento noisy
barulho m noise
bastante enough; fairly
batata f potato
batatas fritas fpl crisps; chips
bater hit
bateria f battery
baton m lipstick
baunilha f vanilla
bêbado drunk
bebé m baby
beber drink

bebida f drink
beijar kiss
beijo m kiss
beira: à beira do mar at the seaside
belga Belgian
Bélgica f Belgium
beliche m bunk beds
bem well; **está bem** that's all right; **assim está bem** that'll do nicely; **estou bem** I'm OK; **ele está bem/não está bem** he's well/not well
bem-educado polite
bem passado well done (meat)
benvindo! welcome!
berço m cot
beringela f aubergine
bestial tremendous
bexiga f bladder
biblioteca f library
bicha f queue; **fazer bicha** queue
bicicleta f bicycle
bife m steak
bifurcação f fork
bigode m moustache
bilhete m ticket; **bilhete de ida** single ticket; **bilhete de ida e volta** return ticket
bilheteira f box office
bloco de apontamentos m notebook
blusa f blouse
boa good
boca f mouth
bóia f buoy
boite f nightclub
bola f ball
bolacha f biscuit
boleia f lift; **andar à boleia** hitchhike; **dar boleia a** give

a lift to
bolo *m* cake
bolo do rei *m* type of Portuguese cake eaten at Christmas
bolso *m* pocket
bom good
bomba *f* bomb; pump.
bomba de ar *f* pump
bomba de creme *f* cream puff
bomba de gasolina *f* petrol station
bombeiros *mpl* fire brigade
boné *m* cap
boneca *f* doll
bonito nice, pretty
borboleta *f* butterfly
borda *f* edge
borracha *f* rubber
bosque *m* wood
bota *f* boot
botão *m* button
botas de borracha *fpl* wellingtons
braço *m* arm
branco white
brasileiro Brazilian
breve: em breve soon
briga *f* fight
brigar fight
brincadeira *f* joke
brincos *mpl* earrings
brinquedo *m* toy
britânico British
brochura *f* leaflet
bronzeado *m* tan
bronzear tan
bule *m* teapot
buraco *m* hole
burro *m* donkey
burro stupid
bússola *f* compass
buzina *f* horn

cabeça *f* head
cabedal *m* leather
cabeleireiro *m* hairdresser
cabelo *m* hair
cabide *m* hanger
cabine telefónica *f* phone box
cabra *f* goat
caça *f* game; hunting
caçarola *f* saucepan
cacau *m* cocoa
cachimbo *m* pipe
cada each; every
cadeia *f* chain; prison
cadeira *f* chair
cadeira de lona *f* deck chair
cadeira de rodas *f* wheelchair
café *m* café; coffee; **café com leite** white coffee; **café instantâneo** instant coffee
cafeína: sem cafeína decaffeinated
cãibra *f* cramp
cair fall
cais *m* quay; platform
caixa *f* box; cash desk
caixa de mudanças *f* gearbox
caixote de lixo *m* dustbin
calar: cale-se! quiet!
calcanhar *m* heel
calças *fpl* trousers
calções *mpl* shorts
calções de banho *mpl* swimming trunks
calendário *m* calendar
calor *m* heat
cama *f* bed; **cama individual/de casal** single/double bed

PORTUGUESE-ENGLISH

cama de campanha *f* campbed
câmara *f* camera
câmara de ar *f* inner tube
câmara municipal *f* town hall
camarote *m* cabin
camião *m* lorry
caminho *m* path; **pode indicar-me o caminho para ...?** can you tell me the way to ...?
caminho de ferro *m* railway
camisa *f* shirt
camisa de dormir *f* nightdress
campainha *f* bell
campismo *m* camping
campo *m* field; countryside; **campo de golf** golf course
camurça *f* suede
canadiano Canadian
canal da Mancha *m* English Channel
canalizador *m* plumber
canção *f* song
cancelar cancel
candeeiro *m* lamp
caneta *f* pen
caneta de feltro *f* felt-tip pen
canhoto left-handed
canivete *m* penknife
cano *m* pipe
canoa *f* canoe
cansado tired
cantar sing
canto *m* corner
cão *m* dog
capot *m* bonnet
cara *f* face
caracóis *mpl* snails
caranguejo *m* crab
caravana *f* trailer
carburador *m* carburettor

careca bald
caril *m* curry
carne *f* meat
carne de porco *f* pork
carne de vaca *f* beef
carne picada *f* minced meat
caro expensive
carpete *f* carpet
carrinho de bebé *m* pram
carro *m* car
carro de mão *m* trolley
carruagem *f* carriage
carruagem-cama *f* sleeper
carta *f* letter
carta de condução *f* driving licence
carta de embarque *f* boarding pass
carta de identidade *f* ID card
cartão *m* card
cartão de crédito *m* credit card
cartão de garantia *m* cheque card
cartão de visitas *m* business card
cartaz *m* poster
carteira *f* wallet
carteirista *m* pickpocket
carteiro *m* postman
casa *f* house; **em casa** at home; **ir para casa** go home
casaco *m* jacket
casaco de malha *m* cardigan
casa de antigüidades *f* antique shop
casa de banho *f* toilet, bathroom
casado married
casamento *m* wedding
caseiro homemade
castanha *f* chestnut

castanho brown
castelo *m* castle
catarata *f* waterfall
catedral *f* cathedral
católico Catholic
causa *f* cause; **por causa de** because of
cavalo *m* horse; **andar a cavalo** go horse riding
cave *f* basement
caveira *f* skull
caverna *f* cave
cebola *f* onion
cedo early; **muito cedo** very early
cego blind
cemitério *m* cemetery
cenoura *f* carrot
centígrado centigrade
centro *m* centre
centro comercial *m* shopping centre
centro da cidade *m* city centre
cerca *f* fence
cereja *f* cherry
certidão *f* certificate
certo right; sure
cerveja *f* beer; **cerveja preta** dark beer
cesto *m* basket
céu *m* sky
chá *m* tea
chá de limão *m* lemon tea
chaleira *f* kettle
chamada paga no destinatário *f* reverse charge call
chamar call; **como se chama?** what's your name?
chão *m* floor
chapa da matrícula *f* number plate

chapéu *m* hat
charuto *m* cigar
chave *f* key
chave de fendas *f* screwdriver
chave inglesa *f* wrench, spanner
chávena *f* cup
chegada *f* arrival
chegar arrive; **chega** that's enough
cheio full
cheirar smell
cheiro *m* smell
chocante shocking
chocolate *m* chocolate; **chocolate puro** plain chocolate; **chocolate com leite** milk chocolate; **chocolate quente** hot chocolate
choque *m* shock
chorar cry
chover rain; **está a chover** it's raining
chumbo *m* filling (*tooth*)
chupa-chupa *m* lollipop
churrascada *f* barbecue
chuva *f* rain
ciclismo *m* cycling
ciclista *m* cyclist
cidade *f* town
cidra *f* cider
ciência *f* science
cigarro *m* cigarette
cima: lá em cima up there
cinto *m* belt
cinto de segurança *m* seatbelt
cintura *f* waist
cinzeiro *m* ashtray
cinzento grey
ciumento jealous
claro clear; of course; **azul claro** light blue

classe *f* class; **primeira classe** first class; **segunda classe** second class
clima *m* climate
clube *m* club
cobertor *m* blanket
cobra *f* snake
código da estrada *m* highway code
coelho *m* rabbit
cofre *m* safe; boot
cogumelos *mpl* mushrooms
coisa *f* thing
cola *f* glue
colapso nervoso *m* nervous breakdown
colar *m* necklace
colarinho *m* collar
colchão *m* mattress
colecção *f* collection
colher *f* spoon
colina *f* hill
collants *mpl* tights
com with
comandante *m* captain
comboio *m* train
começar begin
começo *m* beginning
comédia *f* comedy
comer eat
comichão *f* itch
comida *f* food
comissário de bordo *m* steward
como like; since, as
como? how?; pardon?; **como está?** how are you?; **como vai?** how are things?
companhia *f* company
companhia aérea *f* airline
compartimento *m* compartment
complicado complicated

compota *f* jam
compota de laranja *f* marmalade
comprar buy
compras *fpl* shopping; **ir às compras** go shopping
comprido long
comprimento *m* length
comprimido *m* tablet; **comprimido para dormir** sleeping pill
computador *m* computer
concerto *m* concert
concessionário *m* agent
concha *f* shell
concordar: concordo I agree
condutor *m* driver
conduzir drive
confirmar confirm
confortável comfortable
congelado: comida congelada frozen food
congelador *m* freezer
conhaque *m* brandy
conhecer know
consertar mend
constipação *f* cold
constipado: estou constipado I've got a cold
consulado *m* consulate
conta bill; **tomar conta de** take care of
contactar contact
contaminado polluted
conta-quilómetros *m* speedometer
contar count; tell
contente glad; pleased
contra against
contraceptivo *m* contraceptive
contrário opposite
contusão *f* bruise

convés *m* deck
convidado *m* guest
convidar invite
convite *m* invitation
copo *m* glass
coqueluche *f* whooping cough
cor *f* colour; **cor de laranja** orange; **cor de rosa** pink
coração *m* heart
corajoso brave
corda *f* rope
cordeiro *m* lamb
cordel *m* string
corpo *m* body
corredor *m* corridor
correia da ventoinha *f* fan belt
correio *m* mail; post office; **correio expresso** special delivery
corrente *f* current; **corrente de ar** draught
correr run
cortado blocked
cortar cut
corte de cabelo *m* haircut
corte de energia *m* power cut
cortina *f* curtain
coser sew
costa *f* coast
costas *fpl* back
costela *f* rib
costeleta *f* chop
cotação cambial *f* exchange rate
cotovelo *m* elbow
couve *f* cabbage
couve-flor *f* cauliflower
couves de Bruxelas *fpl* Brussels sprouts
coxa *f* thigh
cozinha *f* kitchen

cozinhar cook
cozinheiro *m* cook
crânio *m* skull
crer believe; **creio que sim** I believe so
creme *m* cream
creme amaciador *m* conditioner
creme de base *m* foundation cream
creme de limpeza *m* cleansing cream
creme hidratante *m* moisturizer
criada *f* maid
criada de quarto *f* chambermaid
criança *f* child
cru(a) raw
cruzamento *m* junction
cruzeiro *m* cruise
cubo de gelo *m* ice cube
cuecas *fpl* underpants
cuidado *m* care; **cuidado!** be careful!
cuidadoso careful
culpa: é culpa minha/dele it's my/his fault
cumprimento *m* compliment; **com os melhores cumprimentos** best wishes
cunhada *f* sister-in-law
cunhado *m* brother-in-law
curto short
curva *f* bend
custar cost

da of the; from the

97

PORTUGUESE-ENGLISH

damasco m apricot
dançar dance
dar give
das of the; from the
data f date
de of; **de Lisboa a Coimbra** from Lisbon to Coimbra; **de carro** by car
debaixo de under(neath)
decidir decide
dedo m finger
dedo do pé m toe
defeituoso faulty
deficiente disabled
deitar fora throw away
deitar-se lie down; **ir deitar-se** go to bed
deixar leave
deixar cair drop
dela hers
dele his
deles, delas their(s)
delicioso delicious
demais too much
demora f delay
dentadura postiça f dentures
dente m tooth
dentista m/f dentist
dentro (de) inside
depender: depende it depends
depois after(wards); **depois de amanhã** the day after tomorrow
depósito m tank
depósito de bagagens m left luggage
depressa quickly
deprimido depressed
desagradável unpleasant
desaparecer disappear
desapontado disappointed
descansar relax

descer go down
descolar take off
desculpar: desculpe excuse me
desculpar-se apologize
desde since; from
desempregado unemployed
desenvolver develop
desfazer: desfazer as malas unpack
desfiladeiro m pass
desinfectante m disinfectant
desligar switch off
desmaiar faint
desodorizante m deodorant
despachar: despache-se! hurry up!
despertador m alarm clock
desporto m sport
detergente m washing powder
detergente para lavar a louça m washing-up liquid
detestar hate
detestável obnoxious
detrás (de) behind
Deus God
devagar slowly
dever: você não deve ... you must not ...
devolver give back
Dezembro December
dia m day; **bom dia** good morning
diabético diabetic
dia de anos m birthday
dialecto m dialect
diamante m diamond
diapositivo m slide
diarreia f diarrhoea
dicionário m dictionary
dieta f diet
diferente different

PORTUGUESE-ENGLISH

difícil difficult
dinheiro *m* money; **pagar em dinheiro** pay cash
direcção *f* direction; steering
directo direct
direito right; **à direita (de)** on the right (of)
disco *m* record; disco
disco compacto *m* compact disc
discoteca *f* record shop; disco
distância *f* distance
distribuidor *m* distributor
DIU *m* IUD, coil
divertir-se enjoy oneself
divorciado divorced
dizer say
do of the; from the
doce sweet
documento *m* document
doença *f* disease
doença venérea *f* VD
doente ill
doer hurt
doido mad
doloroso painful
domingo Sunday
donde where from
dono *m* owner
dor *f* pain; **estou com dor de garganta** I've got a sore throat
dor de cabeça *f* headache
dor de dentes *f* toothache
dor de estômago *f* stomach ache
dormir sleep; **a dormir** asleep
dos of the; from the
dose para crianças *f* children's portion
doutro modo otherwise

duche *m* shower
dunas *fpl* sand dunes
duplo double
durante during
duro hard

e and
edifício *m* building
edredão *m* quilt
eixo *m* axle
ela she; her
elas they; them
elástico elastic
ele he; him
electricidade *f* electricity
eléctrico electric
eles they; them
elevador *m* lift
em in; **em inglês** in English
embaixada *f* embassy
embaixo underneath; downstairs; **lá embaixo** down there
embaraçoso embarrassing
embora although
embraiagem *f* clutch
embrulhar wrap
embrulho *m* parcel
ementa *f* menu
ementa fixa *f* set menu
emergência *f* emergency
emocionante exciting
emperrado stuck
empola *f* blister
empregada *f* waitress
empregada de balcão *f* barmaid
empregado *m* waiter
emprego *m* job

99

emprestado: pedir
 emprestado borrow
emprestar lend
empurrar push
encantador lovely
encher fill
encontrar find; meet
endereço *m* address
enevoado misty
enfermeiro *m*, enfermeira *f*
 nurse
engarrafamento *m* traffic jam
engolir swallow
engraçado funny
enjoado: estou enjoado I'm
 seasick; sinto-me enjoado I
 feel sick
enquanto while
ensinar teach
ensolarado sunny
então then
entrada *f* entrance; starter
entrar enter; entre! come in!
entre among; between
entrevista *f* appointment
entupido blocked
envergonhado ashamed
enviar send; enviar
 posteriormente forward
epiléptico epileptic
época *f* season
equipa *f* team
errado wrong
erro *m* mistake
ervas *fpl* herbs
ervilhas *fpl* peas
escada *f* ladder; stairs
Escócia *f* Scotland
escola *f* school
escola de línguas *f* language
 school
escolher choose
esconder hide

escorregadio slippery
escova *f* brush
escova de barbear *f* shaving
 brush
escova de dentes *f*
 toothbrush
escrever write
escritório *m* office
escuro dark
escutar listen (to)
esferográfica *f* biro (R)
Espanha *f* Spain
espanhol *m*, espanhola *f*
 Spaniard; os espanhóis the
 Spanish
espanhol(a) Spanish
espantoso astonishing
espargo *m* asparagus
especialidade *f* speciality
especialmente especially
especiaria *f* spice
espelho *m* mirror
espelho retrovisor *m*
 rearview mirror
esperar hope; wait
esperto clever
espesso thick
espinafre *m* spinach
espingarda *f* gun
espinha *f* fishbone
espirrar sneeze
esplêndido terrific
esposa *f* wife
espuma de barbear *f* shaving
 foam
esquecer forget
esquerdo left; à esquerda
 on the left (of)
esqui *m* ski(ing)
esqui aquático *m*
 waterski(ing)
esquiar ski
esquisito strange

esse, essa that
esses, essas those
esta this
estação *f* station
estação *f* season; **na estação alta** in the high season
estação de autocarros *f* bus station
estacionamento *m* car park
estacionar park
estadia *f* stay
estado *m* state
Estados Unidos *mpl* United States
estar be; **ele está?** is he in?
estas these
este *m* east; **a este de** east of
este this
estes these
estômago *m* stomach
estrada *f* road
estragado faulty
estragar damage
estrangeiro foreign; **no estrangeiro** abroad
estrangeiro *m*, **estrangeira** *f* foreigner
estranho strange
estreito narrow
estrela *f* star
estudante *m/f* student
estúpido stupid
esturrado overdone (*meat*)
etiqueta *f* label
eu I
Europa *f* Europe
europeu, europeia European
exacto correct
exagerar exaggerate
excelente excellent
excepto except
excesso de bagagem *m* excess baggage
excursão *f* trip
excursão organizada *f* package tour
exemplo *m* example; **por exemplo** for example
exigir demand
explicar explain
exposição *f* exhibition
extensão *f* extension lead
extintor *m* fire extinguisher

fábrica *f* factory
faca *f* knife
fácil easy
fadista *m/f* singer of fados
fado *m* plaintive Portuguese song
falar speak; **fala . . .?** do you speak . . .?
falido: estou falido I'm broke
falso false
família *f* family
famoso famous
fantástico fantastic
farinha *f* flour
farmácia *f* chemist's
faróis máximos *mpl* headlights
faróis médios *mpl* dipped headlights
faróis mínimos *mpl* sidelights
farol *m* lighthouse
farto: estou farto (de) I'm fed up (with)
fatia *f* slice
fato *m* suit

fato de banho *m* swimming costume
fato de treino *m* tracksuit
favas *fpl* green beans
favorito favourite
fazer do; **não faz mal** it doesn't matter; **se faz favor** please
febre *f* fever
febre dos fenos *f* hay fever
fechado closed
fechadura *f* bolt; lock
fechar close
fecho eclair (R) *m* zip
feijões *mpl* beans
feio ugly
feira *f* fair
feliz happy
felizmente fortunately
feminista feminist
feriado *m* holiday
férias *fpl* holiday; **férias grandes** summer holidays
ferida *f* wound
ferido injured
ferramenta *f* tool
ferro *m* iron
ferro de engomar *m* iron
ferver boil
festa *f* party
Fevereiro February
fiambre *m* ham
ficar remain; **ficam dois** there are two left; **o azul fica-lhe bem** blue suits you; **onde fica...?** where is...?
fígado *m* liver
filete *m* fillet
filha *f* daughter
filho *m* son
filme *m* film

filme colorido *m* colour film
filtro *m* filter
fim *m* end
fim de semana *m* weekend
finalmente at last
fino fine
fio *m* thread; wire
fita *f* tape
fita elástica *f* rubber band
fita gomada *f* sellotape (R)
flertar flirt
flor *f* flower
floresta *f* forest
florista *m/f* florist
fogão *m* cooker
fogos de artifício *mpl* fireworks
folha *f* leaf
folha de prata *f* silver foil
folheto *m* brochure
fome: tenho fome I'm hungry
fonte *f* fountain
fora: lá fora outside
forma: em forma fit
formiga *f* ant
forno *m* oven
forte strong; rich
fósforo *m* match
fotografar photograph
fotografia *f* photograph
fotógrafo *m* photographer
fotómetro *m* light meter
fraco weak
fractura *f* fracture
fralda *f* nappy
framboesa *f* raspberry
França *f* France
francês French
francês *m* Frenchman
francesa *f* French girl/woman
frango *m* chicken
free-shop *f* duty-free shop
frente *f* front; **sempre em**

frente straight ahead; **em frente de** in front of; **em frente à igreja** opposite the church
freqüentemente often
fresco cool; fresh
frigideira *f* frying pan
frigorífico *m* fridge
frio cold
fritar fry
fronteira *m* border
fruta *f* fruit
fuga *f* leak
fumadores: (para) fumadores smoking
fumar smoke
fumo *m* smoke
funcionar: não funciona it's not working
fundo *m* bottom; **no fundo de** at the bottom of
fundo deep
funil *m* funnel
furado flat (*tyre*)
furgão *m* van
furioso furious
furo *m* puncture
fusível *m* fuse
futebol *m* football
futuro *m* future

G

gaivota *f* seagull
galeria de arte *f* art gallery
galinha *f* chicken
gamba *f* prawn
ganhar win; earn
ganso *m* goose
garagem *f* garage
garantia *f* guarantee

garfo *m* fork
garganta *f* throat
garrafa *f* bottle
gas Cidla *m* Calor gas (*R*)
gasóleo *m* diesel
gasolina *f* petrol
gasoso fizzy
gastar spend
gato *m* cat
geada *f* frost
gelado *m* ice cream
gelado frozen
gelo *m* ice
gémeos *mpl* twins
genro *m* son-in-law
gente *f* people; **toda a gente** everyone
genuíno genuine
geralmente usually
gerente *m* manager
gira-discos *m* record player
golfe *m* golf
gordo fat
gordura *f* fat
gorduroso greasy
gorjeta *f* tip
gostar like
gostoso nice
gota *f* drop
governo *m* government
Grã-Bretanha *f* Britain
gramática *f* grammar
grande big
grande armazém *m* department store
granizo *m* hail
gratuito free
gravador de cassettes *m* cassette player
gravata *f* tie
grávida pregnant
graxa para sapatos *f* shoe polish

Grécia *f* Greece
grego Greek
grelhado grilled
gripe *f* flu
gritar shout
grosseiro rude
grupo *m* group
grupo de sangue *m* blood group
guarda-chuva *m* umbrella
guardanapo *m* napkin
guardar keep
guerra *f* war
guia *m/f* guide

há ... there is/are; há três dias three days ago
hábito *m* custom; habit
helicóptero *m* helicopter
hemorróidas *fpl* piles
história *f* history; story
hoje today
Holanda *f* Holland
holandês Dutch
homem *m* man
homens gents
homossexual gay
honesto honest
hora *f* hour; que horas são? what time is it?
horário *m* timetable
horrível horrible
hospedaria *f* guesthouse
hospedar-se stay
hospedeira *f* stewardess
hospedeira de bordo *f* air hostess
hospitalidade *f* hospitality
húmido damp

humor *m* mood; humour

iate *m* yacht
idade *f* age; que idade tem? how old are you?
Idade Média *f* Middle Ages
ideia *f* idea
idiota *m* idiot
ignição *f* ignition
igreja *f* church
ilha *f* island
imediatamente immediately
impermeável *m* raincoat
importante important
impossível impossible
impresso *m* form
impressos *mpl* printed matter
incêndio *m* fire
inchado swollen
incluído included; tudo incluído all-inclusive
inconstante changeable
incrível incredible
indicador *m* indicator
indicativo *m* dialling code
indigestão *f* indigestion
indústria *f* industry
infecção *f* infection
infelizmente unfortunately
informação *f* information
informações *fpl* directory enquiries
Inglaterra *f* England
inglês English
inglês *m* Englishman; os ingleses the English
inglesa *f* English girl/woman
íngreme steep
injecção *f* injection

inocente innocent
insolação f sunstroke
insónia f insomnia
instrumento musical m musical instrument
inteiro whole
interessante interesting
interruptor m switch
intoxicação alimentar f food poisoning
Inverno m winter
iogurte m yoghurt
ir go
ir embora go away
ir buscar get
Irlanda f Ireland
irlandês Irish
irmã f sister
irmão m brother
isqueiro m lighter
isso this; that
Itália f Italy
italiano Italian

já already; **você já ...?** have you ever ...?
Janeiro January
janela f window
jantar m dinner
jantar have dinner
jardim m garden
jardim público m park
jardim zoológico m zoo
jarra f vase
jarro m jug
joalharia f jewellery
joalheiro m jeweller
joelho m knee
jogar play

jogo m game
jornal m newspaper
jovem young; **os jovens** young people
judaico Jewish
Julho July
Junho June
junta da culatra f cylinder head gasket
junto(s) together
justo fair

lá there
lã f wool
lábio m lip
laca f hair spray
lado m side
ladrão m thief
lago m lake; pond
lagosta f crayfish; lobster
lagostim m crayfish
lâmina para barbear f razor blade
lâmpada f light bulb
lanterna f torch
lápis m pencil
lápis para os olhos m eyeliner
laranja f orange
largo wide
lata f can
lava-louça f sink
lavandaria f laundry
lavandaria automática f launderette
lavar wash
lavar-se wash
lavatório m washbasin
lavrador m farmer

laxativo *m* laxative
legumes *mpl* vegetables
lei *f* law
leite *m* milk
leite de limpeza *m* skin
  cleanser
lembrança *f* souvenir
lembrar-se (de) remember;
  lembro-me I remember
lenço *f* handkerchief
lenço de cabeça *m* headscarf
lenço de pescoço *m* scarf
lençol *m* sheet
lenços de papel *mpl* tissues
lentes de contacto *fpl* contact
  lenses
lentes gelatinosas *fpl* soft
  lenses
lentes rígidas *fpl* hard lenses
lentes semi-rígidas *fpl* gas
  permeable lenses
lento slow
ler read
letra *f* letter; letra de
  imprensa block letters
levantar-se get up
levar take; carry; para levar
  to take away
leve light
lexívia *f* bleach
lhe (to) him; (to) her; (to)
  you
lhes (to) them
libra *f* pound
lição *f* lesson
licença *f* licence
licor *m* liqueur
ligação *f* connection
ligadura *f* bandage
ligar switch on
lima de unhas *f* nailfile
limão *m* lemon
limite de velocidade *m* speed
  limit
limonada *f* lemon juice
limpa pára-brisas *m*
  windscreen wiper
limpar clean
limpeza a seco *f* dry-cleaning
limpo clean
língua *f* tongue; language
Lisboa Lisbon
lista *f* list
lista dos vinhos *f* wine list
lista telefónica *f* phone book
litro *m* litre
livraria *f* bookshop
livre free
livro *m* book
livro de cheques *m* cheque
  book
livro de expressões *m* phrase
  book
livro de moradas *m* address
  book
lixo *m* rubbish
loção de bronzear *f* suntan
  lotion
loção écran total *f* sunblock
loiça *f* crockery
loiro blond
loja *f* shop
loja de aluguer de
  automóveis *f* car rental
loja de ferragens *f*
  ironmonger
Londres London
longe far
louça: lavar a louça do the
  washing-up
louça para lavar *f* washing-
  up
louro blond
lua *f* moon
lua de mel *f* honeymoon
lugar *m* seat; place

lugar de vegetais *m* greengrocer's
lume *m* fire; **tem lume?** have you got a light?
luvas *fpl* gloves
luz *f* light
luz do sol *f* sunshine
luzes de presença *fpl* sidelights
luzes de trás *fpl* rear lights

má bad
maçã *f* apple
macaco *m* jack
maçador boring
maçaneta *f* handle
machado *f* axe
machão macho
machista sexist
maço *m* packet
madeira *f* wood
madrasta *f* stepmother
maduro ripe
mãe *f* mother
magricela skinny
magro slim; thin
Maio May
maionese *f* mayonnaise
maior greater; bigger; **a maior parte (de)** most (of)
mais more; **mais ou menos** about; **s longe** further; **mais nada** no more; **mais feio que** uglier than
mal badly
mala *f* bag; **fazer as malas** pack
mala de mão *f* handbag
mal-entendido *m*

misunderstanding
mal passado rare; underdone
mamã *f* mum
mamar: dar de mamar a breastfeed
mancha *f* spot
mandar send
manhã *f* morning; **às cinco da manhã** at 5 a.m.
manivela do motor *f* crankshaft
manteiga *f* butter
mão *f* hand
mapa *m* map
maquilhagem *f* make-up
máquina *f* machine
máquina de barbear *f* razor
máquina de calcular *f* calculator
máquina de escrever *f* typewriter
máquina de lavar *f* washing machine
máquina fotográfica *f* camera
mar *m* sea
maravilhoso wonderful
marcha atrás *f* reverse gear
Março March
marco de correio *m* letterbox
maré *f* tide
margarina *f* margarine
margem *f* shore
marido *m* husband
mariscos *mpl* seafood; shellfish
martelo *m* hammer
mas but
massa *f* pasta
matar kill
mau bad
maxila *f* jaw

mecânico *m* mechanic

medicamento *f* drug

médico *m*, **médica** *f* doctor

médio: de tamanho médio medium-sized

medo *m* fear; **tenho medo (de)** I'm afraid (of)

meia-noite *f* midnight

meia pensão *f* half board

meias *fpl* socks

meias collants *fpl* stockings

meio *m* middle

meio: meio litro/dia half a litre/day; **meia hora** half an hour

meio-dia *m* midday

mel *m* honey

melão *m* melon

melhor better; **o melhor** the best

melhorar improve

menina *f* girl; Miss

menino *m* boy

menos less; **pelo menos** at least

mentir lie

mercado *m* market

mercearia *f* grocer's

merenda *f* tea; snack

mergulhar dive

mergulho *m* skin-diving

mês *m* month

mesa *f* table

mesmo same; **o/a mesmo/a** the same; **eu/ele mesmo** myself/himself

metade *f* half

metro *m* metre; underground

meu(s) my; mine

mexer move

mexilhões *mpl* mussels

mim me; **para mim** for me

minha(s) my; mine

minuto *m* minute

míope shortsighted

missa *m* mass

misturar mix

mobília *f* furniture

mochila *f* backpack

moda *f* fashion; **na moda** fashionable

moderno modern

mola *f* spring

mola de roupa *f* clothes peg

mole soft

molhado wet

molho *m* sauce

nome próprio *m* first name

montanha *f* mountain

monte *m* hill

morango *m* strawberry

morar live

mordedura *f* bite

morrer die

morte *f* death

morto dead

mosca *f* fly

mostarda *f* mustard

mostrar show

mota *f* motorbike

motor *m* engine

motorista *m/f* motorist

motorizada *f* moped

mudança *f* gear; **fazer mudança** change *(trains etc)*

mudar: mudar de roupa change

muito very (much); a lot (of); **muito tempo** a long time; **não muito tempo** not much time; **muito caro/rápido** very expensive/fast; **não muito** not too much

muitos many

muletas *fpl* crutches

mulher f woman
multa f fine
multidão f crowd
mundo m world
muro m wall
músculo m muscle
museu m museum
música f music
música folclórica f folk music

na in the; at the; on the
nacionalidade f nationality
nada nothing
nadar swim; **ir nadar** go
  swimming
nalguma parte somewhere
namorada f girlfriend
namorado m boyfriend
não no; not; **não tenho** I
  don't have any
nariz m nose
nas in the; at the; on the
nascer: nasci em 1963 I was
  born in 1963
natação f swimming
Natal m Christmas; **feliz
  Natal!** happy Christmas!
natas fpl cream
natas batidas fpl whipped
  cream
natureza f nature
necessário necessary
negativo m negative
negócio m business
nem ... nem ... neither ...
  nor ...
nenhum ... no ...
nervoso nervous
neve f snow

nevoeiro m fog
ninguém nobody
no in the; at the; on the
nódoa f stain
noite f evening; night; **boa
  noite** good evening; good
  night; **às onze da noite** 11
  p.m.; **esta noite** tonight
noiva f fiancée
noivo engaged
noivo m fiancé
nojento disgusting
nome m name
nome de solteira m maiden
  name
nome próprio m Christian
  name
nora f daughter-in-law
norte m north; **ao norte de**
  north of
nos in the; at the; on the
nós we; us
nosso(s), nossa(s) our; ours
nota f banknote
notícias fpl news
noutro in/on another
Novembro November
novo new
noz f nut
nu(a) naked
número m number
número de telefone m phone
  number
nunca never
nuvem f cloud

o the; him; it
objetiva f lens; objective

obra *f* work; **obras na estrada** roadworks
obrigado/a thank you
observar watch
obturador *m* shutter
óbvio obvious
oculista *m/f* optician
óculos *mpl* glasses
óculos de sol *mpl* sunglasses
ocupado busy; engaged
oeste *m* west; **a oeste de** west of
ofender offend
oferecer offer
olá hello
óleo *m* oil
óleo de bronzear *m* suntan oil
olhar (para) look (at)
olho *m* eye
ombro *m* shoulder
omeleta *f* omelette
onda *f* wave
onde? where?; **para onde?** where to?; **de onde?** where from?
ontem yesterday
operação *f* operation
optimista optimistic
óptimo! good!, excellent!
o que what?; **o que é isso?** what's this?
orelha *f* ear
organizar organize
orgulhoso proud
orquestra *f* orchestra
os the; them.
osso *m* bone
ostra *f* oyster
ou or; **ou . . . ou . . .** either . . . or . . .
ouro *m* gold
ousar dare

Outono *m* autumn
Outubro October
outra vez again
outro (an)other; **outra coisa** something else; **em outro lugar** elsewhere
ouvir hear
oveiro *m* egg cup
ovelha *f* sheep
ovo *m* egg
ovo cozido *m* hard-boiled egg
ovo quente *m* soft-boiled egg
ovos mexidos *mpl* scrambled eggs

pá *f* spade
padeiro *m* baker
padrasto *m* stepfather
padre *m* priest
pagar pay
página *f* page
pai *m* father
painel *m* dashboard
painel lateral *m* wing
país *m* country
pais *mpl* parents
paisagem *f* scenery
palácio *m* palace
palavra *f* word
pânico *m* panic
pano de cozinha *m* tea towel
panqueca *f* pancake
pantufas *fpl* slippers
pão *m* bread; **pão branco/ integral** *m* white/ wholemeal bread
papá *m* dad
papel *m* paper

papelão *m* cardboard
papelaria *f* stationer
papel de carta *m* writing paper
papel de embrulho *m* wrapping paper
papel higiénico *m* toilet paper
par *m* pair
para for
parabéns! congratulations!
pára-brisas *m* windscreen
pára-choques *m* bumper
parafuso *m* screw
paragem *f* stop
para não fumadores non-smoking
parar stop; **pare!** stop!
parecer-se com look like
parecido similar
parede *f* wall
parentes *mpl* relatives
parque de campismo *m* campsite
parque de estacionamento *m* car park
parque para roulotes *m* caravan site
parte *f* part; **em parte nenhuma** nowhere; **em toda a parte** everywhere
partida *f* departure
partido broken
partilhar share
partir break
Páscoa *f* Easter
passa *f* raisin; joint (*smoke*)
passadeira para peões *f* pedestrian crossing
passado: no ano passado last year
passageiro *m* passenger
passagem de nível *f* level crossing

passaporte *m* passport
passar pass; **passar a ferro** iron
pássaro *m* bird
passatempo *m* hobby
passeio *m* pavement; walk; **ir dar um passeio** go for a walk
pasta *f* briefcase
pasta de dentes *f* toothpaste
pastelaria *f* cake shop
pastilha elástica *f* chewing gum
pastilhas para a garganta *fpl* throat pastilles
paté *m* pâté
patinar skate; skid
pato *m* duck
patrão *m* boss
pé *m* foot; **a pé** on foot; **estar de pé** stand
peão *m* pedestrian
peça de teatro *f* play
peças sobresselentes *fpl* spare parts
pedaço *m* piece
pedir order; ask
pedra *f* stone
pegar catch
peito *m* breast; chest
peixaria *f* fishmonger's
peixe *m* fish
pele *f* skin
pelo(s), pela(s) through the; by the; about the; **pelas 3 horas** by 3 o'clock
pena: é uma pena it's a pity; **tenho muita pena** I'm sorry
penicilina *f* penicillin
pensão completa *f* full board
pensar think
penso *m* Elastoplast (*R*)

pente *m* comb
pepino *m* cucumber
pequeno little, small
pequeno almoço *m* breakfast
pera *f* pear
perceber understand
perder lose; miss
perfeito perfect
pergunta *f* question
perguntar ask
perigo *m* danger
perigoso dangerous
período *m* period
permanénte *f* perm
permitido allowed
permitir allow
perna *f* leg
pertencer belong
perto near; **perto de** next to; **perto daqui** near here
perturbar disturb
peru *m* turkey
pesadelo *m* nightmare
pesado heavy
pesca *f* fishing
pescoço *m* neck
peso *m* weight
pêssego *m* peach
péssimo rotten
pessoa *f* person
picada *f* bite
picante hot
picar sting
pilha *f* battery
piloto *m* pilot
pílula *f* pill
pimenta *f* pepper
pimento *m* green pepper
pinça *f* tweezers
pincel *m* paint brush
pintar paint
pintura *f* painting
pior worse; **o pior** worst

piquenique *m* picnic
pires *m* saucer
piscina *f* swimming pool
pistola *f* gun
plano *m* plan
plano flat
planta *f* plant
plástico *m* plastic
pneu *m* tyre
pneu sobresselente *m* spare tyre
pobre poor
poder be able to; **eu posso/ ela pode** I/she can; **pode você . . . ?** can you . . . ?
pó de talco *m* talcum powder
podre rotten
polícia *f* police
polícia *m* policeman
polícia de trânsito *m/f* traffic warden
política *f* politics
político political
polvo *m* octopus
pomada *f* ointment
pónei *m* pony
ponte *f* bridge
por by; **por semana** per week; **por cento** per cent
pôr put
porca *f* nut
porção *f* portion
porcaria *f* mess
porco *m* pig
pôr do sol *m* sunset
pôr no correio post
porque because
por quê? why?
porta *f* door; gate
porta-bagagens *m* boot
porta-bagagens na capota *m* roof rack
porta-bebé *m* carry-cot

porta de embarque *f* gate
porta-moedas *m* purse
portão *m* gate
porteiro *m* porter
porto *m* harbour
português Portuguese
português *m* Portuguese; **os portugueses** the Portuguese
portuguesa *f* Portuguese woman/girl
possível possible
postal *m* postcard
posterior: parte posterior *f* back
postigo *m* shutters
Posto da Polícia *m* police station
pouco: um pouco a little bit; **poucos turistas** few tourists; **poucos** a few
praça *f* square
praia *f* beach
prancha à vela *f* sailboard
prata *f* silver
prático practical
prato *m* dish
prazer: muito prazer em conhecê-lo/la pleased to meet you!
precisar: preciso de ... I need ...
preço *m* price
preencher fill in
preferir prefer
prego *m* nail; roll with a thin slice of meat
preguiçoso lazy
prender arrest
preocupação *f* worry
preocupar-se com worry about
pré-pagamento pay in advance

preparar prepare
presente *m* present
preservativo *m* condom
presunto *m* cured ham
preto black
preto e branco black and white
previsão do tempo *f* weather forecast
prima *f* cousin
Primavera *f* spring
primeiro first; **primeira classe** first class; **primeiro andar** first floor
primeiros socorros *mpl* first aid
primo *m* cousin
princesa *f* princess
príncipe *m* prince
principiante *m* beginner
prioridade *f* right of way
prisão *f* jail; **com prisão de ventre** constipated
privado private
problema *m* problem
procurar look for
professor *m*, **professora** *f* teacher
programa *m* programme
proibido forbidden
prometer promise
pronto ready
pronunciar pronounce
propósito: de propósito deliberately
próprio: a sua própria chave his/her own key
protectores de fraldas *mpl* nappy-liners
proteger protect
protestante Protestant
provar taste; try on

provavelmente probably
próximo next; **o/a ... mais próximo/a** the nearest ...
público *m* audience; public
pular jump
pulga *f* flea
pulmões *mpl* lungs
pulseira *f* bracelet
pulso *m* wrist
puxar pull

qual? which?
qualidade *f* quality
qualquer any; **de qualquer forma** anyway
qualquer coisa anything
quando when
quanto? how much?
quantos? how many?
quarta-feira Wednesday
quarta parte *f* quarter
quarto *m* room
quarto duplo *m* double room
quarto individual *m* single room
quase almost
que that; than
quebrar break
queijo *m* cheese
queimadura *f* burn
queimadura de sol *f* sunburn
queimar burn
queixo *m* chin
quem? who?; **de quem** whose; **de quem é isto?** whose is this?
quente hot
querer want; **queria ...** I would like ...; **quer ...?**

do you want ... ?
quieto still
quilo *m* kilo
quilómetro *m* kilometre
quinta *f* farm
quinta-feira Thursday
quinzena *f* fortnight

rabo *m* tail
radiador *m* radiator
rainha *f* queen
raio *m* spoke
raio X *m* X-ray
rapariga *f* girl
rapaz *m* boy
rápido quick
raro rare
ratazana *f* rat
rato *m* mouse
realmente really
rebuçado *m* sweet
recado *m* message
receber receive
receita *f* prescription; recipe
recepção *m* reception
recibo *m* receipt
reclamar complain
recomendar recommend
reconhecer recognize
redondo round
reembolsar refund
refeição *f* meal
reformado de terceira idade *m* old-age pensioner
região *f* area
rei *m* king
religião *f* religion
relógio *m* clock, watch

relva f grass
relvado m lawn
remédio m medicine
reparar repair
repele-insectos m insect repellent
repetir repeat
repousar take a rest
repouso m rest
representante m/f agent
rés-do-chão m ground floor
reserva f reservation
reservar book
respirar breathe
responder answer
responsável responsible
resposta f answer
ressaca f hangover
resto m rest
reumatismo m rheumatism
reunião f meeting
revista f magazine
ribeiro m stream
rico rich
ridículo ridiculous
rímel m mascara
rins mpl kidneys
rio m river
rir laugh
rocha f rock
rochedo m cliff
roda f wheel
romance m novel
roncar snore
rosa f rose
rotunda f roundabout
roubar steal
roubo m theft
roulote f caravan
roupa f clothes; **lavar a roupa** do the washing
roupa de cama f bed linen
roupa interior f underwear

roupão m dressing gown
roupa para lavar f washing
roxo purple
rua f road
rubéola f German measles
ruínas fpl ruins
ruivo red-headed

sábado Saturday
saber know; **não sei** I don't know
sabonete m soap
sabor m flavour
saboroso savoury
saca-rolhas m corkscrew
saco m bag
saco de água quente m hot-water bottle
saco de compras m shopping bag
saco de dormir m sleeping bag
saco de plástico m plastic bag
saia f skirt
saída f exit
saída de emergência f emergency exit
sair go out; leave; **saia!** get out!; **ela saiu** she's out
sais de banho mpl bath salts
sal m salt
sala f lounge
salada f salad
sala de espera f waiting room
sala de estar f living room
sala de jantar f dining room
saldos mpl sale
salgado salty
salmão m salmon

salsicha *f* sausage
sandálias *fpl* sandals
sandes *f* sandwich
sangrar bleed
sangue *m* blood
santinho! bless you!
sapateiro *m* shoe repairer;
  type of edible crab
sapatos *mpl* shoes
sapatos de treino *mpl* trainers
sarampo *m* measles
sardinha *f* sardine
saudades: tenho saudades
  tuas I miss you; tenho
  saudades de casa I'm
  homesick
saudável healthy
saúde! cheers!; à sua saúde!
  your health!
se if
secador de cabelo *m* hair
  dryer
secar dry; secar com
  secador blow-dry
secção *f* department
secção de perdidos e
  achados *f* lost property
  office
seco dry
secreto secret
século *m* century
seda *f* silk
sede: tenho sede I'm thirsty
seguir follow
segunda-feira Monday
segundo *m* second; em
  segunda mão second-hand
segurar hold
seguro *m* insurance
seguro safe; sure
selo *m* stamp
selvagem wild
sem without

semáforos *mpl* traffic lights
semana *f* week
semelhante similar
sempre always
senhor *m* gentleman
Senhor Mr
senhora *f* lady
Senhora Mrs
senhoras ladies
sensato sensible
sensível sensitive
sentar-se sit down
sentido *m* direction
sentimento *m* feeling
sentir feel; sinto-me bem/
  mal I feel well/unwell
separadamente separately
separado separate
ser be; é... it is...; eu sou
  ... I am...
sério serious
serviço *m* service
servir serve
Setembro September
seu his; her(s); its; your(s);
  their(s)
seus his; her(s); its;
  your(s); their(s)
sexo *m* sex
sexta-feira Friday
SIDA *f* AIDS
significar mean
silêncio *m* silence
silencioso quiet
sim yes
simples simple
sinagoga *f* synagogue
sinal *m* sign
sincero sincere
sino *m* bell
só only; só dois/duas just
  two; só fumo... I only
  smoke...

sobrancelha f eyebrow
sobre on
sobremesa f dessert
sobretudo m coat
sobrinha f niece
sobrinho m nephew
sociedade f society
socorro! help!
sogra f mother-in-law
sogro m father-in-law
sol m sun
sola f sole
solteirão m bachelor
solteiro single
solução para as lentes de contacto f soaking solution
soluços mpl hiccups
sombra f shadow; **à sombra** in the shade
sombra para os olhos f eye shadow
somente only, just
sonho m dream
sono: eu estou com sono I'm sleepy
sopa f soup
sorrir smile
sorriso m smile
sorte f luck; **boa sorte!** good luck!
soutien m bra
Sr Mr
Sra Mrs
sua his; her(s); its; your(s); their(s)
suar sweat
suas his; her(s); its; your(s); their(s)
subir go up
subitamente suddenly
sucesso m success
suficiente enough
Suíça f Switzerland

suíço Swiss
sujo dirty
sul m south; **ao sul de** south of
sumo m juice
supermercado m supermarket
suplemento m supplement
suportar: não suporto queijo I can't stand cheese
surdo deaf
surpreendente surprising
surpresa f surprise

tabacaria f newsagent
tabaco m tobacco
talheres mpl cutlery
talho m butcher's
talvez maybe
tamanho m size
também also; **eu também me too**
tampa f lid
tampa do ralo f plug
tampão m tampon
tão so
tapete m carpet
tarde f afternoon; **boa tarde** good afternoon/evening
tarde late; chegar tarde arrive late; **três da tarde** 3 p.m.
taxa de serviço f service charge
te you
teatro m theatre
tecido m material
tecto m ceiling
teleférico m cable car

telefonar phone
telefone *m* telephone
televisão *f* television
telhado *m* roof
temperatura *f* temperature
tempero da salada *m* salad dressing
tempestade *f* storm
tempo *m* time; weather; **a tempo** on time
tenda *f* tent
ténis *m* tennis
ténis de mesa *m* table tennis
tentar try
tépido lukewarm
ter have; **tem ...?** do you have ...?; **tenho que ...** I have to ...; **eu tenho de/ela tem de ...** I/she must
terça-feira Tuesday
terminado over, finished
terminar finish
termo *m* thermos flask
termómetro *m* thermometer
terra *f* earth
terrível terrible
tesoura *f* scissors
testa *f* forehead
testemunha *f* witness
teu(s) your(s)
ti you
tia *f* aunt
tigela *f* bowl
tijolo *m* brick
tímido shy
tio *m* uncle
tirar remove
toalha *f* towel
toalha de mesa *f* tablecloth
toalhas higiénicas *fpl* sanitary towels
tocar touch
todo all; **todo o dia** all day;

todos os dias every day; **todas as vezes** every time
tomada *f* plug; socket
tomar take
tomate *m* tomato
toranja *f* grapefruit
torcer: torci o tornozelo I sprained my ankle
tornar-se become
torneira *f* tap
tornozelo *m* ankle
torrada *f* toast
torre *f* tower
torta *f* tart
torta de maçã *f* apple pie
tosse *f* cough
tossir cough
totalmente altogether
touca de banho *f* bathing cap
toucinho *m* bacon
touro *m* bull
trabalhar work
trabalho *m* work
tradição *f* tradition
tradicional traditional
traduzir translate
tragédia *f* disaster
trajecto *m* route
trancar lock
trânsito *m* traffic
transmissão *f* transmission
traseiro bottom; **a roda traseira/o assento traseiro** the back wheel/seat
travão *m* brake
travão de mão *m* handbrake
travar brake
travel-cheque *m* traveller's cheque
travessa *f* tray
trazer bring
tricotar knit
tripulação *f* crew

triste sad
trocar change
troco *m* (small) change
trombose *f* stroke; thrombosis
trovão *m* thunder
trovoada *f* thunderstorm
tu you
tua(s) your(s)
tubarão *m* shark
tubo de escape *m* exhaust
tudo everything
túnel *m* tunnel
turista *m/f* tourist

último last
ultrapassar overtake
um(a) a; one
umas some
unha *f* fingernail
universidade *f* university
uns some
urgente urgent
usar use
utensílios de cozinha *mpl* cooking utensils
útil useful
uvas *fpl* grapes

vaca *f* cow
vacinação *f* vaccination
vagão restaurante *m* dining car
vale *m* valley
válido valid

válvula *f* valve
varanda *f* balcony
vários several
vassoura *f* broom
vazio empty
veículo *m* vehicle
vela *f* candle; spark plug; sail; **fazer vela** go sailing
velho old
velocidade *f* speed
venda *f* sale; **à venda** for sale
vender sell; **vende(m)-se** for sale
veneno *m* poison
vento *m* wind
ventoinha *f* fan
ver see
Verão *m* summer
verdadeiro true
verde green
verificar check
vermelho red
verniz de unhas *m* nail polish
vespa *f* wasp
véspera do dia de Ano Novo *f* New Year's Eve
vestiário *m* cloakroom
vestido *m* dress
vestir dress
vestir-se dress
veterinário *m* vet
vez *f* time; **uma vez** once
via aérea: por via aérea by airmail
viagem *f* journey; **boa viagem!** have a good journey!
viagem de negócios *f* business trip
viajar travel
vida *f* life
vidro *m* glass
vinagre *m* vinegar

vinha *f* vineyard
vinho *m* wine; **vinho tinto/branco/rosé** red/white/rosé wine
vinho da casa *m* house wine
vinho do Porto *m* port (wine)
viola *f* guitar
violação *f* rape
vir come
virar turn
visita *f* visit
visitar visit
visor *m* viewfinder
vista *f* view
visto *m* visa
visto que since
vitela *f* veal
viúva *f* widow
viúvo *m* widower
vivenda *f* villa
viver live
vivo alive
vizinho *m* neighbour
voar fly
você(s) you
volante *m* steering wheel
voltar return
vomitar be sick
voo *m* flight
voo fretado *m* charter flight
vós you
vosso(s), vossa(s) your(s)
voz *f* voice

zangado angry
zona para peões *f* pedestrian precinct

GRAMMAR

Portuguese nouns are either masculine or feminine, and the words for the *DEFINITE ARTICLE* (the) have a different form depending on whether the noun is masculine, feminine, singular or plural:

	masculine	*feminine*
singular	o	a
plural	os	as

o livro	the book	**os livros**	the books
a casa	the house	**as casas**	the houses

Note that de + o becomes do; de + a = da; de + os = dos; de + as = das:

o cinema	perto do cinema	near the cinema
a casa	perto das casas	near the houses

por + o = pelo; por + a = pela; por + os = pelos; por + as = pelas:

o túnel	pelo túnel	through the tunnel

a + o = ao; a + a = à; a + os = aos; a + as = às:

o restaurante	vou ao restaurante	I'm going to the restaurant

em + o = no; em + a = na; em + os = nos; em + as = nas:

o bar	no bar/nos bares	in the bar/in the bars.

The *INDEFINITE ARTICLE* (a, an, some) must also be adjusted in the following way:

	masculine	*feminine*
singular	um	uma
plural	uns	umas

um livro	a book	uns livros	(some) books
uma caneta	a pen	umas canetas	(some) pens

Note that em + um = num; em + uma = numa; em + uns = nuns; em + umas = numas:

um pacote	num pacote	in a packet
uma bolsa	numa bolsa	in a bag

GRAMMAR

Most *NOUNS* ending in **-o** are masculine and most nouns ending in **-a**, **-ade** and **-ão** are feminine (although there are exceptions). Nouns with other endings may be either gender.

PLURALS are formed by following these rules:

Nouns ending in a vowel: add **-s**

singular	plural	
a mesa	**as mesas**	table/tables

Nouns ending in **-ão** generally change to **-ões** to form the plural:

a estação	**as estações**	station/stations

Nouns ending in a consonant: add **-es**

o computador	**os computadores**	computer/computers

Nouns ending in **-l** change the **-l** to **-is** to form the plural:

o hotel	**os hotéis**	hotel/hotels

Nouns ending in **-m** change **-m** to **-ns** to form the plural:

o homem	**os homens**	man/men

ADJECTIVES normally come after the noun and 'agree' with it. The dictionary in this book gives the masculine form. To make the feminine, just carry out the following changes:

masculine *feminine*

-o	-a	**bonito/bonita** (nice, pretty)
-or	-ora	**encantador/encantadora** (charming)
-ês	-esa	**inglês/inglesa** (English)

In most other cases masculine and feminine forms are the same:

> **um quarto grande** a big bedroom
> **uma casa grande** a big house

Note that there are exceptions:

> **um bom filme** a good film
> **uma boa combinação** a good combination

The plurals of adjectives are formed in the same way as nouns:

singular	plural
grande	**grandes**
bom	**bons**

GRAMMAR

COMPARATIVES are formed by putting **mais** in front of the adjective:

| caro | expensive |
| **mais caro** | more expensive |

'Than' is **que**:

> **este é mais caro que o meu**
> this one is more expensive than mine

'Less . . . than' is **menos . . . que**:

> **está menos quente que ontem**
> it's less hot than yesterday

SUPERLATIVES are formed by putting **o/a mais** or **os/as mais** in front of the adjective:

| **o mais alto/a mais alta** | the tallest |
| **os mais baratos/as mais baratas** | the cheapest |

POSSESSIVE ADJECTIVES agree with the noun. They are:

	m sing	f sing	m pl	f pl
my	o meu	a minha	os meus	as minhas
your (*fam*)	o teu	a tua	os teus	as tuas
his/her/its/ your (*formal*)	o seu	a sua	os seus	as suas
our	o nosso	a nossa	os nossos	as nossas
their/your (*fam/formal*)	o seu	a sua	os seus	as suas

o meu livro	my book
a minha mala	my suitcase
os nossos amigos	our friends
a sua casa	his/her/your/their house

Since the meaning of **seu/sua/seus/suas** is not always clear, it can be replaced by **dele/dela/de você/deles/delas/de vocês**. In this case the word used depends on who the possessor is:

o livro dele	his book
o hotel dela	her hotel
o primo de você	your cousin (referring to one person)
a casa deles	their (the boys' *etc*) house
a casa delas	their (the girls' *etc*) house
o autocarro de vocês	your coach (referring to several people)

For formal use 'your' can also be expressed by **do senhor** (for men) and **da senhora** (for women):

| **o carro do senhor** | your car |

GRAMMAR

DEMONSTRATIVE ADJECTIVES (this, that etc) are placed before the noun and agree with the noun they refer to:

este	means this (near the speaker)	
esse	means that (near the person spoken to)	
aquele	means that (distant from both)	

m sing	**este**	**esse**	**aquele**
f sing	**esta**	**essa**	**aquela**
m pl	**estes**	**esses**	**aqueles**
f pl	**estas**	**essas**	**aquelas**

este copo/ essas malas   this glass/ those bags

ADVERBS are formed by adding **-mente** to the feminine form of the adjective:

honestamente   honestly

PRONOUNS

subject		*direct object*	
eu	I	**me**	me
tu	you	**te**	you
ele	he	**o**	him
ela	she	**a**	her
ele/ela	it	**o/a**	it
você	you	**o/a**	you
nós	we	**nos**	us
eles	they	**os**	them
elas	they	**as**	them
vocês	you	**os/as**	you

indirect object		*reflexive*	
me	to me	**me**	myself
te	to you	**te**	yourself
lhe	to him	**se**	himself
lhe	to her	**se**	herself
		se	itself
lhe	to you	**se**	yourself
nos	to us	**nos**	ourselves
lhes	to them	**se**	themselves
lhes	to them	**se**	themselves
lhes	to you	**se**	yourselves

Subject pronouns can be omitted in Portuguese:

moro	can only mean	I live
comes	can only mean	you eat

124

GRAMMAR

After prepositions the subject pronoun is used:

para ela/ele/você	for her/him/you

But **eu** changes to **mim** and **tu** changes to **ti**:

para mim/ti	for me/you

With **com** (with) you say:

com ele/ela/você	with him/her/you
but: **comigo/contigo**	with me/with you

Note the positioning of the pronouns:

podes ajudar-me?	can you help me?
não o conheço	I don't know him
não te vi	I didn't see you

YOU can be expressed in three ways in Portuguese:

tu (*sing*) and **vocês** (*plural*) are used to address friends, relatives and children. Note that **vocês** (but not **tu**) takes the third person of the verb (the same as 'they').

> **querem ir ao cinema?** do you want to go to the cinema?

você (*sing*) and **vocês** (*plural*) are more formal and are used to address people you don't know very well. They take the third person of the verb (the same as 'he/she/they').

> **que vai fazer você?**   what are you going to do?

Portuguese has another way of saying 'you':

o senhor (*m sing*)	**a senhora** (*f sing*)
os senhores (*m pl*)	**as senhoras** (*f pl*)

These forms are used to speak to complete strangers or in formal situations. They all take the third person of the verb (the same as 'he/she/they').

> **o senhor sabe quanto custa?**
> do you know how much it is?

POSSESSIVE PRONOUNS are the same as the possessive adjectives.

	m sing	*f sing*	*m pl*	*f pl*
mine	o meu	a minha	os meus	as minhas
yours (*fam*)	o teu	a tua	os teus	as tuas
his/hers/its/ yours (*formal*)	o seu	a sua	os seus	as suas
ours	o nosso	a nossa	os nossos	as nossas
theirs/yours (*fam/formal*)	o seu	a sua	os seus	as suas

GRAMMAR

DEMONSTRATIVE PRONOUNS are exactly the same as the demonstrative adjectives, but when no specific noun is being referred to, a neuter form is used:

isto	isso	aquilo
this one	that one	that one (over there)

isso é impossível   that's impossible

VERBS in Portuguese fall into three groups with -ar, -er and -ir endings. The **PRESENT TENSE** is formed by removing the -ar, -er and -ir and adding the following:

	cantar (sing)	beber (drink)	partir (leave)
I	cant-o	beb-o	part-o
you (fam)	cant-as	beb-es	part-es
he/she/it/you (formal)	cant-a	beb-e	part-e
we	cant-amos	beb-emos	part-imos
they/you (fam/formal)	cant-am	beb-em	part-em

However, some common verbs are irregular:

	ter (have)	ir (go)	ser (be)	estar (be)
I	tenho	vou	sou	estou
you (fam)	tens	vais	és	estás
he/she/it/you (formal)	tem	vai	é	está
we	temos	vamos	somos	estamos
they/you (fam/formal)	têm	vão	são	estão

There are two verbs *TO BE* in Portuguese: *SER* is used to indicate a permanent state, quality or position. It is used with occupations, nationalities and expressions of time:

sou escocês I'm Scottish   **é fácil**   it's easy
ele é dentista he is a dentist   **são três horas** it's three o'clock

ESTAR is used to indicate temporary position, states or conditions:

estão na praia   they are on the beach
estás cansada?   are you tired?

Some verbs are irregular in the first person only:

saber	know	sei	I know
fazer	do	faço	I do
dar	give	dou	I give
poder	be able	posso	I can

GRAMMAR

The *IMPERFECT TENSE* is used to express what was going on or what someone was doing or used to do over an indefinite period of time. The endings are:

I	cant-ava	beb-ia	part-ia
you (*fam*)	cant-avas	beb-ias	part-ias
he/she/it/you (*formal*)	cant-ava	beb-ia	part-ia
we	cant-ávamos	beb-íamos	part-íamos
they/you (*fam/formal*)	cant-avam	beb-iam	part-iam

sempre bebíamos cerveja   we always drank beer

The only irregular verb in the imperfect tense is **ser**:

I	era	we	éramos
you (*fam*)	eras.	they/you (*fam/formal*)	eram
he/she/it/you (*formal*)	era		

The *PRETERITE TENSE* is used to express what happened or what somebody did at a particular time. The endings are:

I	cant-ei	beb-i	part-i
you (*fam*)	cant-aste	beb-este	part-iste
he/she/it/you (*formal*)	cant-ou	beb-eu	part-iu
we	cant-ámos	beb-emos	part-imos
they/you (*fam/formal*)	cant-aram	beb-eram	part-iram

eles partiram ontem   they left yesterday

There are several irregular verbs in this tense:

	ter (have)	ir (go)	ser (be)	estar (be)
I	tive	fui	fui	estive
you (*fam*)	tiveste	foste	foste	estiveste
he/she/it/you (*formal*)	teve	foi	foi	esteve
we	tivemos	fomos	fomos	estivemos
they/you (*fam/formal*)	tiveram	foram	foram	estiveram

The *FUTURE TENSE* (I will) is formed by adding the following endings to **-ar, -er** or **-ir**:

I	cantar-ei	beber-ei	partir-ei
you (*fam*)	cantar-ás	beber-ás	partir-ás
he/she/it/you (*formal*)	cantar-á	beber-á	partir-á
we	cantar-emos	beber-emos	partir-emos
they/you (*fam/formal*)	cantar-ão	beber-ão	partir-ão

CONVERSION TABLES

metres
  1 metre = 39.37 inches or 1.09 yards

kilometres
  1 kilometre = 0.62 or approximately ⅝ mile

to convert kilometres to miles: divide by 8 and multiply by 5

kilometres:	2	3	4	5	10	100
miles:	1.25	1.9	2.5	3.1	6.25	62.5

miles
to convert miles to kilometres: divide by 5 and multiply by 8

miles:	1	3	5	10	20	100
kilometres:	1.6	4.8	8	16	32	160

kilos
  1 kilo = 2.2 or approximately 1⅕ pounds

to convert kilos to pounds: divide by 5 and multiply by 11

kilos:	4	5	10	20	30	40
pounds:	8.8	11	22	44	66	88

pounds
  1 pound = 0.45 or approximately 5/11 kilo

litres
  1 litre = approximately 1¾ pints or 0.22 gallons

Celsius
to convert to Fahrenheit: divide by 5, multiply by 9, add 32

Celsius:	10	15	20	25	28	30	34
Fahrenheit:	50	59	68	77	82	86	93

Fahrenheit
to convert Fahrenheit to Celsius: subtract 32, multiply by 5,
divide by 9